コンサルタントの「現場力」

どんな仕事にも役立つ！ プロのマインド＆スキル

Yoshiaki Noguchi
野口 吉昭

PHP
Business Shinsho

PHPビジネス新書

コンサルタントの「現場力」◆目次

第4章 「思考力」はコンサルタントの武器倉庫

第5章 「実践力」が納得のコミュニケーションをもたらす

第1章

強い企業は「現場力！」
できるコンサルタントも
「現場力！」

Chapter 1

1-1

なぜ、コンサルタントの「現場力」が求められているのか?

●再び「現場」に注目が集まっている

ビジネスコンサルタントを始めて二十年になる。

最初はある経営コンサルティング会社に所属していたが、その後独立した。なぜ独立したかというと、そのコンサルティング会社でのポストが上がってしまったため、マネージャーとしての仕事が増えてしまったから。つまり、「現場」に出る機会が少なくなってしまったからだ。

以来、ずっと現場にこだわり続けている。

私が現場でコンサルティングに携わっているその間、日本経済はいったん沈み、今また盛り返しつつある(それが、本物かどうかは微妙なところだが)。そんな中で「現場力」というテーマが、にわかに脚光を浴びつつある。

強い企業、例えばトヨタなり、ホンダなり、キヤノンなりの強さの源泉は、「現場」にあるということで、多くの企業がそれに学び、書籍も数多く出版されている。

一方、数年前には、ロジカルシンキングブームというのが起きた。欧米の企業の強さは、その論理的思考力にあり、というわけだ。同時に、アメリカの経営手法を紹介した多くの翻訳本が現れ、ベストセラーになった。自信喪失のあらわれだったのだろう（もっとも、私たちの書いた本〈『ロジカルシンキングのノウハウ・ドゥハウ』ＰＨＰ研究所〉も、その流れに乗ってロングセラーになっているのだから、あまり悪く言うこともできないが……）。

だが、そのように企業の価値観が揺らいでいた中でも、「現場力」だけは日本企業の大きな特徴であり続けた。そして景気が回復しつつある今、日本企業の最大の強みと目されてもいる。

●現場を軽視する米国、現場にこだわる日本

アメリカの自動車産業を見てみればわかる。トヨタがＧＭを抜きシェア世界一になる日

が秒読み段階に入っている中で、二〇〇五年秋、GMの子会社である部品メーカー、デルファイが倒産した（実際は、チャプター11という法律の下での再建を推進中）。GMの経営不振のあおりや従業員への年金負担で、という論調が新聞などでは目立ったようだが、実はそれ以上に、大きな深刻な問題があった。現場力の低下だ。

デルファイに優秀な人材がいると、親会社のGMはそれをどんどん引き抜いてGMに連れてくる、ということが日常的に行われていたというのだ。これでは、現場の知恵など生み出されるわけがない。ちなみに当時のデルファイは、シェアこそ世界NO．1であったが、その商品力、つまり品質についてはあまり評価されていなかった。当然と言えば、当然だ。

現場を重視する日本の企業で、こんなことが行われることはほとんどない。トヨタが、子会社であるデンソーに優秀な人材がいるからといって、それを引き抜くなんて話、聞いたことがない。「現場を建て直してこい！」と言われて、優秀な社員が派遣されるという話だったらよく聞く。「強い企業に強い現場あり！」は日本の常識だ。

●国際会計基準が「社員第一主義」を揺るがした！

欧米流の経営手法や考え方が津波のように押し寄せてきていた中で、日本において「現場第一主義」という言葉が、廃《すた》れてしまうことはなかった。

だが、大きな波が日本企業を飲み込んだ。二〇〇〇年三月の国際会計基準の導入だ。これはつまり、今まで現場第一、社員第一でやってきた日本企業に、「一番大事なのはやっぱり株主なんじゃないの？」という問いを突きつける、まさにビッグ・ウェーブであり、黒船であった。

例えば、配当性向。これは、会社の上げた利益に対して株主への配当はどれくらいか、を表す数値なのだが、日本の場合は一〇％から一二％ぐらいだ。それに対してアメリカは二三〜二四％、つまり倍くらいある。これは、利益を出しているのに株主に報いていないということであり、もっと企業は配当をしっかり出さなきゃいけない、ということになってきた。

そして、配当を出すためには、やっぱり利益を上げなければならない。ということで、本業だけでなく、含み資産とか不動産とかの資産運用に対しても厳しくチェックされるようになってきた。「ウチはキャッシュがたくさんあるから安心！」などと経営者は言っていられない。経営資源にちゃんと投資して利益を上げる体制をつくれ、と株主から突き上げられるような事例が、この四、五年非常に多くなってきているのだ。

その代表がいろいろなファンドなどの投資ファンドとなるのだが、彼らのやっていることは単に企業の乗っ取りうんぬんということではない。一番大事なのは社員なのか、それとも株主なのか、ということを突きつける問題提起でもあるのだ。

●荒波の中で廃れることがなかった日本の現場力

社員・株主・顧客・地域社会を「四つのステークホールダー」という。そして、このステークホールダーの中で、誰が一番大事？　という問いは、経営者にとって大きなテーマである。これまで多くの日本の経営者たちが悩み、考え抜いたことだろう。ファンド資本主義の時代への推移は自然の流れだと言える。だがその結果、完全に株主第一、となっている日本企業というのは意外と多くない。

さすがに、終身雇用、年功序列、企業内組合といったような旧来の日本型経営は通用しなくなってきた。もはやそういう時代じゃない。だが、欧米流に誰よりも株主が大事、ともなってはいない。株主も大事だけれどやっぱり社員が大事だ、というのが、多くの日本の経営者たちが出した結論なのではないだろうか。

私自身もやはり、社員が第一だと思う。そしてこの順番は今後も決して、変わらないとも思う。

あるいはこういうことかもしれない。欧米企業での、一番が株主、次が顧客、それからやっと社員、というような序列は、それぞれの重要度の差が非常に大きい。株主のためには社員が犠牲になってもかまわない、という考えがまかり通る世界だ。

だが、日本はもともとそれぞれのステークホールダーの重要度の差が小さかった。社員も大事だが、顧客も同じくらい大事。株主も大事。だからその順番が入れ替わろうと、たいして関係ない。こういう見方が、適切なのだろう。いずれにしても「社員をあきらめない！」企業が日本には多いし、それらの企業が大切にしているものこそ、「現場力」なのだ。こういった土壌が、日本の「現場力」を育て上げていったのだろう。

●コンサルティングの世界でも「現場力」が問われている

このように、企業の「現場力」に注目が集まると同時に、コンサルティングの世界でも、「現場力」が注目されてきている。

コンサルタントの仕事について、未《いま》だに多くの誤解があるが、中でも多いのが「コンサルタントは知識やノウハウを売る」商売である、ということだ。そういった考え方からすると、コンサルタントと現場というのは、かけ離れたものに映る。

だが、それは随分昔のことである。

今や、コンサルタントのスキル・ノウハウや業界の最新情報など、ネットや書籍でいくらでも手に入る時代。もちろん、専門性の高い業種などではそういったコンサルティングもあり得るが、大きく市場全体を見たときに、もはやそういった「知識やノウハウの切り売り」では立ち行かなくなっているのは明らかである。

●「コンテンツコンサルティング」から「プロセスコンサルティング」

その象徴が、「コンテンツコンサルティング」から「プロセスコンサルティング」への時代の流れである。

コンテンツコンサルティングというのは、クライアントから依頼されたテーマに対し、徹底したリサーチを実施し、企業や部門の問題点・課題点といった情報を整理する。そして、コンサルタントがお得意のフレームワークを駆使して分析し、課題点を体系化する。その後、核心の戦略・施策などを構築し、プレゼンテーションや提案を行う、というスタイルだ。

おたくの会社の問題点はこうです、で、おたくの課題を整理するとこんな感じになります、だからおたくの会社はこういう戦略にしたほうがいいです、こういう事業の方向性にしたほうがいいです、こういう組織に構図を変えたほうがいいです、というような、方向性に対するコンサルティングを行うわけである。いわゆるこれまでのコンサルティングのイメージ。

一方、プロセスコンサルティングというのは、コンサルタントがクライアントのほうに入っていき、クライアントと一緒にコンサルティングのプロジェクトを運営する。コンサルタントも完全に現場の一員——というよりもチームのチーフアドバイザーになりきるスタイルだ。

プロセスコンサルティングでは、コンサルタントが自分で答えを出すのではなく、クライアントに考えさせ、そのクライアントなりの答えを自ら出してもらうことを重視する。クライアントが調査レポートを書いて、クライアントがビジョンノート、戦略シナリオ、事業計画などのアウトプットを出すのだ。ＨＲインスティテュートでは、一連のプロセスコンサルティングのスタイルを、「ワークアウト」というプログラム名で呼んでいる。体質強化・体質改善という意味だ。もともとは、一九八〇年代後半に、ジャック・ウェルチ氏率いる戦略経営のリーダー的存在のGEが、採用したプログラム名だ。

HRインスティテュートのワークアウトは、GEのそれとは、少々、異なっている。GEでは、短期間で現場を改善する手法として考案・実践されているが、我々のワークアウトは、ビジョンノート、戦略シナリオ、ビジネスプラン、人事システム変革、営業構造変革、企業遺伝子刷新といった、比較的中期的スコープ、そこそこ大きなテーマであるケースが多い。とはいえ、顧客への提案書づくり、現場の課題解決、職場の風土改善といった身近なテーマも、最近は多くなってきている。いずれにしても、このワークアウト・プログラムは、創業以来、重視してきたコンサルティング視点であり、発想である。

「戦略をつくるべき」「ビジネスモデルを刷新すべき」「人事システムを革新すべき」……これら、たくさんの「すべき」は、コンサルタントではなく、クライアントとしての企業・部門の責任者にとってのものであるはずだ。その答えを自ら出せてこそ、企業は変わり、部門は成長サイクルに乗ることが可能になるのだ。だが、もちろん、顧客に任せっきり、ではない。コンサルタントはクライアントが答えを出すまで、粘り強く働きかける。

このようなコンサルティングにおいては、知識だけしか持たないコンサルタントは何の役にも立たない。知識はもちろんであるが、クライアントの信頼を得るための人間力も必要だし、プロジェクトを導くリーダーシップも必要となるからだ。

●人をあきらめない！

　ところで、ＨＲインスティテュートのＨＲとは、ヒューマンリソース＝人財・という意味である。かといって、人事専門のコンサルティング会社ではない。戦略コンサルティング会社であり、マーケティングコンサルティング会社であり、風土革新コンサルティング会社である。

　では、何故にＨＲなのか？　それは、プロセスコンサルティングにおいては、戦略を考えるのも、戦略を遂行するのも「人」が原点だからだ。コンテンツコンサルティングではなく、プロセスコンサルティングをメインに、私たちは、会社を起業した。だから、これまでも、これからもＨＲにこだわり続けていきたい。

　ＨＲは現場力の原点でもある。だから我々は人員リストラ計画を請け負ったことはないし、これからも請け負うつもりもない。だが、企業再生、事業再生という意味でのドメインの見直し、ビジネスモデルの見直しは、これまでも、そしてこれからも請け負っていく。

ただし、そこには、「人をあきらめない！」という思想あってのプログラム運営としていくつもりだ。

現場の中に入り込み、チーム一丸となって成果を出す。まさにコンサルタントも「現場力」が求められているのだ。

●「現場力」で活躍するコンサルタントたち

こういった「現場力」を持ったコンサルタントたちが、今、活躍の場を広げている。

そのことを象徴的に表すのが、「コンサルタント出身の経営者、起業家が増えている」という事実である。

ボストン・コンサルティング・グループ出身で、前経営者に招聘《しょうへい》されて現在ミスミの代表を務める三枝匡《さえぐさただし》氏がそのよい例だ。産業再生機構のCOOを務める冨山和彦氏も、やはりボストン・コンサルティングを経たコンサルタントである。

このように、特に企業の再生や事業の再生のときに招聘されて、経営者になるケースが多いが、それだけにとどまらない。自分で起業するコンサルタントたちも増えている。

インターネットオークションやモバイルオークションの運営で知られるDeNA創業者

の南場智子氏はマッキンゼー出身。私が、最近気に入っている有機野菜の通販会社Ｏｉｓｉｘ（おいしっくす）の創業者も、マッキンゼー出身の高島宏平氏だ。まだ非常に若い社長である。今や学生たちに大人気の就職希望先であるマッキンゼーのキャリアから、独立・起業の道を選んだのだ。

だが、こういった流れは、実はアメリカでは以前からごく普通のことだった。米マッキンゼー出身で、ＩＢＭのＣＥＯとして招かれその再建に手腕を振るったルイス・ガースナー氏を筆頭に、元コンサルタントがプロの経営者としてさまざまな分野で活躍している。

また、コンサルティング会社ではないのだが、Ｐ＆Ｇという会社は「世界のマーケティングスクール」と呼ばれており、マーケティング・コンサルティングスキルやマーケティング・コンサルティングマインドを徹底的に叩き込まれることで知られている。

この会社のマーケターからは、ジャック・ウェルチ氏の後継者としてＧＥのＣＥＯとなったジェフリー・イメルト氏、マイクロソフトＣＥＯのスティーブ・バルマー氏、今は辞めてしまっているが、ＡＯＬ創業者のスティーブ・ケース氏、世界最強の女性経営者といわれる世界Ｎｏ.１のオークションサイト運営企業「イーベイ（eBay）」のメグ・ウィットマン氏など、錚々《そうそう》たる人材を輩出していることで知られる。

●経営にコンサルタントの現場力が活かされる

一方の日本はどうか。日本では、コンサルタントがプロの経営者になったり、起業したりということは、今まではあまり多くなかった。コンサルタントから企業に転職するにしても、経営企画、営業企画、開発企画などのマーケティング関連、戦略関連、人事関連の仕事に就くといったキャリアが多かったし、また、起業といっても、コンサルタント時代の人脈を活かして自らもコンサルタントとして独立する、といったところであった。

だが、先ほど例に挙げた三枝氏は、もともとコンサルタント時代からミスミの社外役員になってはいたのだが、ミスミの創業者の田口弘氏から、完全にトップとして経営を託されたのだ。

ミスミという会社は、金型部品等の購買代理というコンセプトでユニークな位置を占め、成長を続けてきた。それを受けた三枝氏の戦略は、それを受け継ぎつつも「選択と集中」を行うことで競争力を高めた。続いて、新たなビジネスモデルを打ち出した。駿河精機という取引先のメーカーを買収したのである。ミスミは急成長し、ビジネスモデルも進化し続けている。

三枝氏の経営戦略を見ていると、アパレルメーカーで言うところのＳＰＡの隆盛を想起させる。このＳＰＡとは、オンワード樫山やワールド、ユニクロ、ギャップなども採用している、アパレルメーカーではすでに定番になったビジネスモデルである。要するに企画、デザイン、パターン、製造、物流、販売まで一気通貫で行う、というものである。

こういった「ビジネスモデルの革新」や、選択と集中戦略を見ていると、三枝氏のコンサルタントとしての現場力を感じ取ることができる。いや、「現場力」があったからこそ、彼はミスミのトップに選ばれたのだ。

●経営の世界の外でも発揮されるコンサルティングスキル

このような流れは経営だけにとどまらない。

例えば、マッキンゼーの出身者で、ラーンネット・グローバルスクールを主催している炭谷俊樹氏という人がいる。スクールというだけあって、学校である。

炭谷氏は兵庫県で学校を運営しているのである。最初はアフタースクールとしての位置付けだったようだが、今は普通の学校（フルスクール）としてやっており、卒業生もどんどん輩出している。非常に難しいと言われる学校経営を、炭谷氏はコンサルタント経験を活かした経営手法で、もう十年以上も続けているのである。単なる学校ではない。自然に触れ、歴史を重んじ、文化を考え、人を大切にし、宇宙を感じる、「考える人」を育てる素晴らしい理念を実現している学校である。

もう一つ例を挙げよう。これもマッキンゼー出身者の都村長生《つむらたけお》氏がやっている長生塾だ。都村氏のボランティアのもと香川県で開催されているこの私塾は、コンサルタントの「問題解決スキル」を用いて、香川県、そして日本の問題をいかに解決するかをテーマとしているソリューションスキルを基盤にした政策塾である。

こういった例を見ていただくと、実はコンサルタントの現場力というものは、経営のみならず、学校・行政・病院経営などのあらゆる組織の運営に役立てることができる、ということが理解してもらえるのではないだろうか。

例えば、今流行のＮＰＯがそうだ。ＮＰＯは単なるボランティア集団ではない。事業を起こし、その収支でやりくりしながら、活動を続ける必要がある。あくまで社会貢献を目的にしているとはいえ、これはそのまま事業運営である。そもそもあのピーター・ドラッカーも、もともとマーケティングというのは非営利組織から始まった、と言っている。

『非営利組織の経営』（ダイヤモンド社）といった著書もあるくらいだ。

近年のＮＰＯの増加の背景には、今までのようにボランティアが本当に思いだけ、ミッションだけをベースにして活動をしていたのでは、立ち行かなくなってしまった、ということがあったのではないだろうか。そこで、例えばコンサルタントが持つマーケティングや組織運営の知識や経験が活かされるようになってきたのだろう。実際、ＮＰＯを立ち上げたり、その運営に携わるコンサルタントも増えている。

実は私自身も、「師範塾」というＮＰＯの副理事長をやっているのだが、これは学校の先生、親、そして子どもの三位一体の教育を行うことを目的としている。我々コンサルタントが先生の教育を行ったり、学校の先生が親に対する教育を行ったり、「寺子屋」と称して子どもの教育を行ったりしているのだ。私自身、今後できればソーシャル系の大学院や大学を作りたいとすら思っている。

私は、昔からコンサルタントという仕事は、企業経営だけでなく、社会のあらゆる分野に貢献すべき「聖職」だと考えているが、社会貢献の分野にも、コンサルタントの現場力が不可欠な時代になってきたのだ。

1-2

「現場力」とはそもそも何か？

●仕組む力と仕掛ける力

さて、ここまで「現場力」という言葉を何気なく使ってきた。だが、そもそも「現場力」とは一体、何だろうか？　まずは、強い企業の現場力というものについて考えてみよう。

現場力は日本の十八番《おはこ》であるが、ここではあえて、海外の事例を挙げてみる。

先ほども例に挙げたルイス・ガースナー氏が、ＩＢＭに入って一番最初にやったのはヒアリングである。各工場やオフィスを回って現場の人間から徹底的にヒアリングをしたという。現場が今、どれだけＩＢＭとしての能力を失ってるか、パワーというものがどれだけ落ちてしまっているか――それを確認するのが再建のスタートだったという。

これは、答えが現場にある、ということを明確に認識していたからこその行動であろう。そして現場から問題点を引きずり出しながら、大きく舵《かじ》を振るっていったわけである。現場を起点として全体を見ようとしたわけだ。

ダイエーがだめになり始めた頃、ダイエーの店舗には魅力ある商品が少なくなってきた。食品売り場もいつもと同じ。定番だらけ。ビビッドに顧客に映るような品揃えは、ほとんどなくなってきていた。本来、ダイエーの現場力とは、商品の品揃え力であり、顧客対応力であったはずだ。しかし、オーナーの顔ばかり見るような社内志向の悪玉遺伝子に満ち満ちてしまっていた。そごうや西友も同じような状況だったときがあった。

これらは非常にわかりやすい「現場力」だ。

だが、「現場に答えが眠っている」なんてことは、すでに言い古されているセリフであろう。それだけではまだまだ不十分だ。「仕掛ける力」と「仕組む力」とを両方持っていることこそが現場力の条件、と私は考える。

「仕組む力」というのは、現場の中における、その現場を強くするための仕組みだ。ミスを起こさない仕組みとか、顧客から意見を吸い上げるための仕組みとかのことである。そして、その強くなったものを元手にして、いかに市場に対して仕掛けるかとか、競合に対して仕掛けるかとか、新しい事業で仕掛けるかとかいう力が「仕掛ける力」である。

このバランスが非常に大事。いくら現場に知が眠っているといっても、それが誰にも掘り起こされなければ、ずっと日の目を見ることはない。現場ばかりが強くて、既存のラインを崩したくないばかりに商品開発が進まない、というのは本末転倒だ。一方で、開発ばかりが主導するような商品に対して、「こんなの売れるわけがない」と営業現場が思っていては、質の良い商品など生まれるべくもない。

現場力とは、仕組む力・仕掛ける力そのものであり、より顧客の近くにあるのが現場である。つまり、現場力とは顧客に近い仕組む力と仕掛ける力のバランスであると定義できる。

要するに、真の意味で「現場力」が強い企業とは、顧客に近い部門に比重があり、しかも、前提として事実（ファクト）からの経験の蓄積と改善、進化への思いを持つ企業である。顧客に近い仕掛ける力と仕組む力の両者を統合化させて、グルグルと回している企業であると言える。

こうした企業こそが、企業の新しい価値を築き上げて恒常的に外部に対して展開することができ、ひいては恒常的に企業を進化する力を持つことができる力を持つことになる。

●コンサルタントの現場力とは？

一方、コンサルタントの現場力とは、一体何なのか？

結論から言ってしまえば、企業における現場力とコンサルタントの現場力は同じこと。先ほど書いた「『事実（ファクト）からの経験の蓄積』と『改善、進化への思い』を前提にした、顧客に近い仕組む力と仕掛ける力のバランスのサイクル」に他ならない。

ちなみに、その際、「仕組む力」は論理的思考に、「仕掛ける力」はコンセプト思考に置き換えるとわかりやすいだろう。

論理的思考＝ロジカルシンキングはコンサルタントの思考の根本をなすものだ。事象や問題を明確に捉え、分析をするために必須の能力である。企業活動に置き換えれば、現場の問題点を捉え、それがスムースに改善されるように「仕組む」力と言うことができる。

一方のコンセプト思考は、まったく新しい価値や考え方を提示する能力である。いくら優れた分析ができても、それだけでは企業活動は進展しない。ミスミの三枝氏も、既存の経営資源を選択・集中で改善する一方（仕組む力）、メーカーの買収などで新しいミスミのビジネスモデルを築き上げた（仕掛ける力）。これはまさしく新しいコンセプトを提示したわけであり、この能力こそがまさに、コンセプト思考の能力である。

先ほど紹介したラーンネット・グローバルスクールの炭谷氏は、コンサルタント経験を活かした人材育成という新しいコンセプトを、長生塾の都村氏は、コンサルタントの問題解決能力を政治・行政の問題解決に、という新しいコンセプトを、それぞれの世界に対して提示したわけである。

彼らはもちろん、かなりレベルの高い論理的思考の能力は持っているが、何よりこの強烈なるコンセプト思考ができるからこそ、活躍できているのだ。社会を変えなきゃダメだとか、日本を変えなきゃダメだという、社会的な使命感。これはまさにコンセプト思考が表に出たものなのである。

聖職者たるコンサルタントには、優れたコンセプト思考は必須である。

●コンサルティングをやりやすい業界、やりにくい業界

ところで私は、今まで、四〇〇社を超える企業のコンサルティングをしてきた。コンサルティング会社というのは、ある業界を専門とするようなところも存在するが、私どもは別に業種にはこだわらない。あらゆる業種へのコンサルティングを行っている。

だが、私にも当然、やりやすい業界とやりにくい業界というものがある。

まず、一番やりやすい業界、これは間違いなく製造業だ。コンサルタントに対して、心

を開いてくれるスピードが一番速い。いい会社だろうと問題点が多い会社だろうと、やはり、心を開くという雰囲気は製造業全体に感じられることである。そして、彼ら彼女ら現場の人は実に多くの知恵を蓄積している。

「モノをつくる」ということは、自分自身の仕事の成果が目に見える職場である。それだけに、素直に思いを表現しやすいという土壌があるのかもしれない。例えば、製造業の理念というものは、自動車業界にしても食品製造業にしてもエレクトロニクスメーカーにしても、非常にわかりやすいものが多い。我々コンサルタントは、その知恵を引き出し、形にすることをお手伝いする。

一方で、証券会社や銀行や保険会社の理念というのは、言われてもピンとこないものが多い。理念が素晴らしく、優れた企業遺伝子に満ちた会社もある。しかし、金融業の特性からか、「革新性」「顧客起点」といった遺伝子が、実際に現場まで浸透し実践されているケースは多くない。

もちろん、金融が社会に貢献していないとは思わないし、むしろ非常に重要な社会的基盤である。だが、例えば明治の富国強兵、殖産工業の時代、または戦後の一九四五年以降の時代には、金融というのは今とは比べものにならないくらい大きな意味を持っていた。自分たちがお金を融資することで、日本の産業が発展する……まさに、世の中を変えるくらいの意気込みで、仕事をしてきた人が多かったのだろう。

だが、今は「社会を変える」という自負を持ちやすいのは、むしろ通信やＩＴ系や先述しているような学校や私塾といった企業・組織かもしれない。その点、金融はむしろ社会のインフラという位置付けが強くなっている。だからこそ、今までは横並びだったサービス内容の差別化を図ったり、中小企業の経営を支えたりと、各社が知恵を絞って独自性を出さねばならない時代になっている。

さて、その金融業界だが、やっぱりと言うか何と言うか、コンサルティングとしての仕事は、一番やりにくい。特に銀行。証券もやりにくい。生保・損保はまだわりとやりやすい。研修は問題ないが、どうしても変革マインドが現場に浸透していないので、コンサルティングではなかなか苦労する。金融は与信管理・顧客を色分けするなど、疑う、顔色を見るということをしなければならない場面も多いわけだから、それらがその人の心を開くスピードに影響しているのかもしれない。

では、発展著しいＩＴ系企業はどうか。コンサルティングは、やりやすいだろうか？

いわゆるＩＴ系の企業というのは、その歴史によって大きく三つに分かれる。コンピューター製造からきたコンピューターベンダーと、ＳＥの人材派遣業、下請け業をやってきて成長してきたソフトベンダー。それからもう一つはコンサルティング会社、またはシンクタンク、会計事務所、監査法人系、こういうところから成長してきているコンサルティングベンダー。ＩＴベンダーは、大きくこれらの三つに大別することが可能だ。

その中でもやはり、ものづくりが原点にあるコンピューターベンダー系のＩＴ企業はわりとコンサルティングがやりやすい。人材派遣系からのベンダーは、はっきり言って暗い部分があり、なかなか心を開くのが難しい。コンサルティング系はわりとやりやすいのだが、多少自負心が強すぎてしまい入りにくいという傾向がある。

ただ、どれも非常に生々流転の激しい業界ということもあり、なかなかエキサイティングであり、全体にコンサルティングはやりやすい業界である。自分たちが、コンサルタントであるという意識もあるからだろう。

流通業はどうかというと、ここはもともと現場第一主義であることが多いからか、こちらの言うことに非常に素直で、従順に従ってくれる。それは悪いことではないのだが、ただ、自分で考えて動くというよりも、上から言われたことを一生懸命頑張ってやります、という傾向が強すぎて、議論がしにくいという問題もある。流通の人には悪いのだが、「もうちょっと主体性を持ってよ!」と思うことがある。主体性を持って考え、サービスを進化させていくことが、この業界には求められている。

●「あの会社のコンサルティングがやりたい!」

私が以前から得意としている業界に、建設業界がある。

種を明かしてしまえば、実は私自身が、コンサルタントになる前に建設業界(設計事務所)にいた、ということだ。当然である。業界の内実を知っているから、やりやすいし、自然と力も入る。私が働いていた設計事務所ではホテル、ショッピングセンター、公園、病院、レストラン、住宅の設計をやっていた。設計事務所の仕事は、かなり多岐にわたっている。

デザイン、文化、風土、都市計画、陶芸、茶道、華道……、工学、文学、天文学、化学、物理学、文化人類学……、市役所、県庁、中央官庁、警察、消防署、保健所……、財

務、法律、金融……といった雑学のテンコモリだった。さまざまな業界と付き合うことで、今のコンサルティングに大いに役に立っている。談合がどんなものかも知っているし、入札制度も経験している。業界の表も裏も知った。もっとも今では、ＣＳＲ（企業の社会的責任）を心から、かつ現実的なものとして受け止めるようになってきているが。

だから今でも、六本木、丸の内界隈《かいわい》、汐留、品川、表参道、豊洲……と東京の街が大きく動いている様子を見ているとコンサルタントの前の建築家としての心が動いてしまう。

このように、自分の好きな業界、市場を持つというのは、コンサルタントには必要だ。

私たちは、贅沢なことだが、「あの会社のコンサルティングや研修をやりたい！」という発想がある。稲盛和夫が好き！　小倉昌男が好き！　本田宗一郎が好き！　だから、その会社を担当したい！　また、トマトジュースが身体にいい！　カレーが好き！　化粧品に興味がある！　車が好き！というのもありだ。

実際、そうやって私の家は、あるメーカーに偏った建材を使い、家電を購入し、車もそうなっている。風邪薬も栄養ドリンクも偏った企業の商品のものを購入している。

クライアントの製品・商品を使わなくてコンサルティングはできない、とさえ思っている。クライアントへのコミットメントは重要なコンサルティングマインドである。プロテスタントの教会のコンサルティングもかつて担当した。さすがに、洗礼を受けることはなかったが、プロジェクトの合宿のときは、ビールを飲むということはなかった。

クライアントへの思い、こだわりは、コンサルタントの現場力には必須のものである。

●あらゆる業界で、コンサルティングマインド&スキルが求められる時代に

さて、今までいろいろ業界のことを書いてきたのは、何も自分の業界に対する得意・不得意の話をしているわけではない。

こうやってさまざまな業界に出入りしていると、どんな業界でも、コンサルタントのスキルやマインドが求められる時代になりつつある、ということが強く実感できるのだ。プロテスタントの教会も、病院も、社会福祉施設も、学校も、プロスポーツ運営団体も……。市場が変わり、顧客が変わり、競合が激化しているからだ。立ち止まっていては、死を待つしかないのだ。

ポイントは、「考えなければならない!」「革新をし続けなければならない!」ということ。

例えば金融業界。最近はコンサルタントが企業再生のエンジンを占めつつあるが、かつては経営の再建に送り込まれるのは、銀行など金融関係者が多かったし、今でも多い。彼

らには当然、現場で使えるコンサルタントのマインド＆スキルが必要になる。

バンカーには、技術の詳細はわからない。工場のオペレーションもわからない。だからこそ、優れたバンカーは、現場を起点に考え続けねばならない。そうすれば、経営という大きなフレームがわかっている、組織を知っている、何といってもお金の動きを知っている彼らは、多くの課題を見つけることができる。

製造業のライフサイクルは、早い。次々と新しい製品が市場に投入され、そして消えていく。もはや企画や開発の人だけではなく、あらゆる人が製品の新たな知恵を出し、それを共有していかない限り、企業の未来はあやうい。顧客からの声も重要だし、競合の動きも市場でしっかりと押さえないと後れを取ってしまう。三カ月止まっていたら、半年で守勢は、逆転される。

コンビニで販売されるチョコレートは、なんと年間一八〇〇種類もあるという。生き残るのは、一〇〇のうちの一つか二つかしかない。定番を取るのは、かなり難しいのだ。正直、これは異常だと思う。だが、ヒット商品を定期的に生み出すコンサルティングマインド＆スキルがないと、企業は疲弊してしまう。腰は据えるが、市場の動きはしっかりと見ながら革新を繰り返すことが重要になっている。

同じく生々流転の激しい流通業界、そしてもっと変化が激しいであろうIT業界でも、同じことが言えるだろう。三歩先を見つめ、二歩先を語り、一歩先を照らすコンサルティングマインド&スキルが、多くのビジネスパーソンに求められているのだ。

また、最近は総合商社において、コンサルティングマインド、コンサルティングスキルを身につけている人が多く見られる。これら総合商社の中からプロの経営者、または起業する人などがどんどん出てきていることから、それがわかる。

例えば、ローソンの建て直しを一任された新浪氏は三菱商事出身。同じ三菱商事からは、スープに特化したユニークなファストフードチェーンとして知られるスープストックトーキョーを立ち上げた遠山正道氏も出ている。総合商社が、コンサルティングマインド、コンサルティングスキルを重視していることは、当然の帰結だろう。右から左にモノとお金を動かす時代は、終焉《しゅうえん》したのだから。

●プロのコンサルタントの仕事プロセス

コンサルティングスキルが求められるもう一つの背景は、一つには近年のリストラや少子化、そして団塊の世代の引退などによる、「少人数で組織を動かさなければいけない」という流れもあるだろう。少人数で組織を動かすためには、漫然と仕事をするだけではダメで、ちゃんとしたビジネスプロセスをつくらなくてはいけない。つまり、プロのコンサルタントの仕事に近いプロセスを各職場で実現しなければならないのだ。

プロのコンサルタントは、

・仕事の目的を明確にし
・役割分担を決め
・仕事を進める問題点・課題点を広く抽出し
・仮説を立てながら
・問題点・課題点を整理体系化して分析し原因を明確にする
・解決策としての戦略や施策を出して
・メンバーで共有しモチベーションを向上させながら
・つねに一人ひとりが考える場をつくり上げる
・そしてこれらのサイクル（仮説検証サイクル）を回す組織を意識していく

という流れを自然に意識して、チームを動かす訓練がされているのだ。

●コンセプト思考の重要性

だが、やはり考える仕事が増えてきているということが、このようにコンサルティングマインド&スキルを求められる背景としては大きいだろう。つまり、高度成長時代のように、与えられた仕事を漫然とこなすだけでは生き残れなくなり、現場の情報やデータなどの、生の声、真の声というものをベースに、それらをとりまとめながら、いわゆる「いつでもどこでも課題解決」をしなくてはならない状況がそこかしこで生まれている、ということだ。

そして、その課題解決のレベルをさらに高め、新しい価値をつくる、新しい事業を生む、新しい企業に変える……そういった市場価値創造の重要性というのが、今、どんどん高まっているのだ。

大前研一氏が翻訳した『ハイ・コンセプト』(ダニエル・ピンク著、三笠書房)という本では、「第四の波」という概念が紹介されている。一つ目が農業。二番目が工業。三番目が情報——これはかつてアルビン・トフラー氏が第三の波と言って紹介したものだが、その次の波として、本書は「ハイ・コンセプト」——要するに、新しい価値を生む人、という概念を紹介しているのだ。

これはつまり、ビジネスパーソン一人ひとりの「コンセプトメイク」――「コンセプト思考」の重要性を説いているわけである。ある意味、大変な時代がやってくるとも言えるし、すごいチャンスがやってくるとも言える。

そして、『ハイ・コンセプト』で言っている「コンセプト思考」をもっとも体現しているのが、現場力のあるコンサルタントなのである。

彼らに共通するのはミッションや思いが明確、ということだ。もっとも、ミッションや思いだったらコンサルタントでなくても持っている、と思われるかもしれない。確かにそれはそうだ。だが、違うのは、このミッションや思い――コンセプトを具現化するための方法論を、彼ら彼女らコンサルタントは持っている、ということなのである。

彼ら彼女らが、論理的思考とコンセプト思考、これを車の両輪のように回すことで、思いを実現に近づける、ということができる。新たなコンセプトを提示する力と、それを実現する力。その双方があらゆる分野で求められている。だからこそ、コンサルタントの現場力が注目を集めているのだ。

●あらゆることに使えるコンサルティングスキル

　ところで、コンサルタントの思考法というのは、一度身につけるといい意味でも悪い意味でもクセになる。あらゆることにその思考法を発揮したくなるのだ。

　例えば私は趣味で、四人の仲間とアカペラバンド「マトリックス」をやっている。平均年齢はほぼ五十歳。中年五人組のアカペラバンドだが、意外と人気があり、各地のイベントに呼ばれたりするなど、もう十年も続いている。だが、ハッキリ言って音楽の品質は高いとは言いにくい。音は飛ぶし、歌詞の間違えもしょっちゅうだ。でも、人気がある。人も集まってくる。関東だけでなく、今や中部地方でも有名になりつつある。

　先日、横浜市にある戸塚駅のオープンデッキでライブをやった。なぜか、コンサルタントの血が騒ぐ。どうしても、ターゲティングなどの戦略を考えてしまうのだ。

　戸塚は、横浜市の中でも高齢化が特に進んでおり、平均年齢層が高い。それを見越して六〇年代、七〇年代の曲を中心に選曲を行う。だが一応、その子どもの層も狙って「モーニング娘。」を入れてみる。

　結果は大成功。実行委員会の方から来年も来てほしいというオーダーを即頂いた。アカペラバンドの中には、「自分たちはこんなに難しい曲に挑戦して、微妙な音をつくっている……。どうですか、うまいでしょう？」というバンドも多い。彼ら彼女らは、顧客起点ではなく、自分たち起点になってしまう。そして、音楽観の違いで、短期間で解散を繰り返す。だから、音は蓄積されないし、バンドとしての深みが出てこない。うちのバンドは、音楽観での議論はない。あるとすれば、衣装での議論と日本酒の嗜好での議論くらいだ。

一番の特徴は、ターゲットをすごく気にすることである。どんなターゲットなのか、どんな空気なのか、を意識して曲を選択するし、ターゲットのための新曲も準備する。マーケティング・ベースト・バンドである。楽譜の向こうにあることをいつも意識した中年バンドなのだ。

本書の目的、それは、「できるコンサルタントは現場で何を考え、何をしているのか」を明らかにすることで、コンサルタントはもちろん、それ以外のあらゆる人に対するヒントを提示しようということにある。

コンサルタントの現場力は、中年五人組のバンドを売れっ子にするくらいのパワーがある（いずれインディーズにて売り出す準備もしている⁉︎）。趣味の世界でも活かせるなら、あらゆる世界でコンサルティングマインド&スキルは、活かせるはずだ。

第2章

できるコンサルタントの「現場力」を解剖する

Chapter 2

2-1

できるコンサルタントは「強い思い」と「経験」で自己進化する

●ところで、コンサルティングの現場とは？

前章で、現場力とは「事実（ファクト）からの経験の蓄積」と、「改善、進化への思い」を前提とした「仕組む力」と「仕掛ける力」であると述べた。

本章では、その「コンサルタントの現場力」について、もう少し詳しく掘り下げてみよう。

ところで最近、コンサルタントというのは若者の人気職種の上位にランキングされているらしい。

といっても、ずっとコンサルタントとして飯を食っていくつもりではないのかもしれない。前章で述べたように、起業や経営者になるための一つのキャリアパスとして人気があると考えられる。

ただ、多くの若いビジネスパーソンは、勘違いしているのではないだろうか。コンサルタントという職種イコール、〝ブイブイ風を切って、赤じゅうたんの役員会議室で、パシッとしたスーツでプレゼンテーションをば〜んとするカッコいい仕事だらけ！〟だと思っているのではないか。

たしかに、ときには、そういうこともある。だが実際は、その多くの時間はものすごく泥臭いシゴトなのだ。

〝コンサルタントの現場力とは何か〟を語る前に、〝コンサルタントの現場とはどんなものか〟について、ここで簡単に説明しよう。

まず、コンサルタントはとことん現場に執着する必要がある。例えば私は、企業の顧問という名刺をつくっていただいて、一緒に営業現場に行ったり、一緒になってＩＴの提案書をつくって、一緒にクライアントの、そのまたクライアントの工場に行って在庫管理の分析をしたりしたことがある。

または、店頭に立って店長と一緒にスポーツ用品を販売したりもした。音響研究室でヘルメットをかぶって、あるべき音づくりの装置の検証をしたりもした。

私の知り合いのコンサルタントは、ドッグフード会社のコンサルティングをするにあたって、市販されているドッグフードを全部自分で食べてみたという。それが本当に現場の声なのかどうかはよくわからないが、とにかくすごい。

また、相手は結局「人間」である以上、さまざまな軋轢《あつれき》の中で仕事をしなくてはならない。問われるのは、本当にその企業を変えたいという「強い思い」。朝まで酒に付き合ったり、徹夜明けで朝まで議論したり、夜討ち朝駆け当たり前の世界。そもそも、ものすごいハードワークだ。そのあたりまでわかっていてコンサルタントになりたいという人が、果たしてどれだけいるものか。

革新の瞬間をいかに体験するか？　創業者の思いをいかに次世代のトップが発展させるか？　企業は、公器である。トップは、預かっているだけでしかない。自分のものではない。預かって、成長させて、善玉遺伝子に満たしてお返しすることが必要なのだ。

この意味がわからないトップには、喧嘩も辞さず！　会議室の机をど～んと叩いたこともある。女性コンサルタントが、トップの不甲斐なさに涙したこともある。現場で多くの人たちが、日々、精進し自分の時間を犠牲にしても会社を良くしたいと思っているのに、その思いがトップに伝わっていない。わかっていない……。

社員をコマや道具のように思っているトップには、諫言《かんげん》しなければならない。フェラーリに乗るのもいい。F―1に参戦するのもいい。映画をつくるのもいい。が、それが本当に企業のためになるのか？　現場で働く人たちのためになるのか？　お客様のためになるのか？

コンサルタントは、企業とは公器であると信じ、その成長を阻み、進化を止める行為・思考には全面的に「NO！」を言うべきである。たとえどんなに高いフィーであろうとも、会議室の机を〝どーん〟とやるべきである。その際の前提になるものこそ、泥臭い地道な活動を通して得た事実（ファクト）なのである。

●社会人経験のないコンサルタントは大成しない

現場を知るには、ある程度の社会人経験もやはり必要になる。だから、我々の会社に新卒で入りたいと応募してくる人も多いが、全部断っている。

いわゆる大企業でなくても何でもいい。建築の現場だろうと、小売業の店長だろうと、製造業の開発でも製造現場だろうと何でもいい。とにかく、やはり最低でも五年、そこで経験を積んで、社会というものを学んで、企業というものを学んで、組織というものを学んで、社会人とは何だろうか、人間とは何なのかというところを身につけて初めて、コンサルタントになる下地ができる、と考えるからだ。

私自身、コンサルタントになる前は設計事務所に勤めていた。大学院を修了したあと、設計事務所に六年半いた。そのときの経験があるため、今までゼネコンの仕事やハウスメーカーの仕事や建材メーカーの仕事を得意としてやってきたのだが、非常にやりやすかった。もちろん、必ずしも自分の知っている業種だからいいということではないが、やっぱり何でもいいからバックグラウンドがあったほうがいい。

一定の社会の動き、組織のフレームのことがわかった上でコンサルタントにならないと、いいコンサルタントにはなれない、と言い切ってしまっていいだろう。

そもそも受け入れる側としても、現場経験もなく新卒で入って三年目か四年目かのコンサルタントに教えを請うという気持ちになりにくいものだ。いかにそれが、優秀な人材であっても、である。

●コンサルタントはやっぱり泥臭い

先ほども述べたが、若い世代の人が勘違いしていることで多いのは、コンサルタントというのは決してスマートな仕事ではない、ということだ。

コンサルタントというと、最新のデータを駆使して資料をつくり、パワーポイント（ソロというソフトも有名だ）やエクセルでそれを並みいる経営者に向かってプレゼンし、トップを説得して……といった、かっこいいシーンばかりを思い浮かべる人のほうが多いかもしれない。

そういう、まあ傍《はた》から見るとかっこいいかな、というシーンもありうるけれど、それはほんのわずかな晴れ舞台。むしろ、そこに至るまでの泥臭い活動のほうが、よっぽど多い。そして、何より大事なのは、現場に入っていって、そこで何が起きているかを知ること。真の声を聞くにあたっては、スマートさなんて何の意味もない。

私が前にいたコンサルティング会社に、「オカマちゃん」がいた。はっきり言って、見ただけでちょっと異様だとわかる。短パンはいて、ピアスして、それでインタビューに出かけるのだから。

でもこのオカマちゃん、化粧品メーカーとかアパレルメーカーとか、流通の仕事にめっぽう強い。入り込むのがすごく上手なのである。

アパレルメーカーの現場には若い人が多いのだが、彼らにとってはスーツを着てビシッと決めたおっさんより、彼のような人のほうがよっぽど話しやすい。だから、最初から密度の濃いインタビューができるのである。

彼自身の感性もまた、非常に独自の、貴重なものだった。男の目と女の目の中間から見ることができるからだろうか、その時代のある一つの真実をつかまえることに非常に長けていたのだ。グループインタビューのあとに話を聞いたりすると、いつもなるほどな、と唸《うな》るような、我々では到底気が付かない意見が出てきたものである。

「オカマちゃん」であることと、仕事の経験を一緒にするのは少々乱暴かもしれないが、インタビューするにしても自分の立ち位置とかバックグラウンドがきっちりしていると、入り込みやすいというのは確かにある。知識ではない、あくまで実質的な経験が大切なのだ。

このように、非常に泥臭いこのコンサルティングという世界の現場で大成するには、どんな環境にもめげない「強い思い」と、それなりの「経験」が必要だ。そしてそれは、あらゆるビジネスパーソンにとって、言えることだろう。

でも、ちょっと考えてみると、そもそもスマートな現場なんて、あるのだろうか？　あなたの現場は？　あなたが知る優れたビジネスパーソンは、スマートなのだろうか？　トップセールスパーソン分析をしたプロジェクトで知ったことがある。彼ら彼女たちは、めちゃくちゃ泥臭く、すさまじく気を使っている人たちだったということだ。内面は、とても人間的でとても魅力的な人が多い。が、外面は、お世辞でもスマートとは言えない人が多い。

　コンサルティングの現場だって同じだ。コンサルタントの現場力は企業の現場で使えるし、企業の現場でもまれた人もまた、優秀なコンサルタントになれる。

「思いと経験がコンサルタントを、そしてあなたを自己進化させる」ことを、覚えておいてほしい。

2-2

できるコンサルタントは「本質」を見抜く

●MBAを取ってきたコンサルタントは使えるか?

MBAを取ってきたようなコンサルタントを、実践の経験を積ませず、すぐに顧客の前に出してプロジェクトをやらせたとする。それでプロジェクトがうまくいくと思うだろうか。いく確率は一勝九敗ぐらい。十中八九は失敗する。

なぜかと言うと、特にMBAを取ってきたような知識がいっぱいのコンサルタントは、やっぱり勘違いしているところがあるのだ。

コンサルタントとは、フレームワークを使って課題を分析して、御社の問題点はこれだ、戦略はこうすべきだ、組織はこうしないと勝ち残れない! などと指摘してプレゼンすれば終了、という仕事だと思っているような人が多いのだ。

まあ、これはコンテンツコンサルティングの一般的なスタイルであるから、そのこと自体は確かにそうだ。解決ではなく、分析だけを依頼されることも多いのも事実だ。

だが、その場合でも、分析する前に一つ、やるべきことがある。優れたコンサルタントは、このプロジェクトのテーマとして一番大事な部分は何か、本質は何かということを、まず最初に考えるのだ。それも、全身全霊で、一生懸命に。

それをせずに、集めた情報を整理するだけでは何の役にも立たない。もちろん、ひととおり情報をバーッと集めて、何人かにヒアリングしてキーパーソンにも話を聞くことで、何が問題点かはそれなりにわかってくる。だがそれだけでは、単に問題を提示するだけでオシマイ。

現場力のあるコンサルタントは、その会社の経営や事業の課題から、何が我々に求められているソリューションなのかということを、グーッと深掘りして考える。その上で情報を収集するから、問題点はもちろん、解決策まですぐに見つけることができる。

コンサルティング業界の言葉で、今、一般企業やビジネスパーソンの間で流行っている「仮説思考」という言葉があるが、これと同じだ。仮説を立て、仮説を検証する、という考え方は非常に重要。仮説がなければ、問題点もなかなか見つからない。

だが私は、仮説思考では表現がちょっと弱いと思う。「本質思考」という言葉を使いたい。あるいは、「本質仮説思考」。このプロジェクトの本当のテーマは一体何なのか、一体何を答えとして出すことが一番重要なことなのかということを、最初から突きつめて考える人と、これを最後のレポート作成の際になってからする人間とでは、最後に大きな違いが出る。

ＭＢＡを取得したかどうかよりも、本質を見極めようとするかしないかの違いだ。フレームワークを駆使しても課題は解決しない。フレームワークを埋めても戦略は生まれない。大切なのは、考え尽くすこと、解決していくプロセスに思いがこもるかどうかが大切なことなのだ。

●できる人の分析には「色」が出る

勉強をした人は、整理することは得意だ。例えば、ロジックツリーを使ったり、ＳＷＯＴ分析を使ったりと、いろいろ使うことはできる。ＰＰＭ分析や３Ｃ分析、４Ｃ分析など、そのためのツールはいろいろある。このあたりをご存じない方は、後ほど（簡単にではあるが）説明するのでご心配なく。

ただ、そういうツールを埋めるにしても、優れたコンサルタントが埋めた場合と、経験が浅いコンサルタントが埋めるのとでは、できあがってくるものは全然違う。これはもう、一目瞭然だ。

例えば、ＳＷＯＴ分析をやった場合を考えてみよう。ＳＷＯＴ分析とは、その会社の強み、弱み、機会、脅威を象限ごとに書き出すという分析手法。単純に書き出すことをシンプルＳＷＯＴ分析。これらをクロスして戦略仮説、施策の仮説にしたものを、クロスＳＷＯＴ分析と言う。どんな市場でどんな状況で、どんな武器で戦っていくかを決めるために使われることが多い。

まず、経験は浅いが、知識だけはあるコンサルタントが埋めると、全体がもれなく、ダブりなく、非常にきれいに整理される。どの象限も同じくらいの文章量で埋められており、非常に客観的に、どれも同じようなトーンで分析が行われている。

一方、優れたコンサルタントが分析をしたらどうなるか。

それぞれの象限に書いてあるのは同じような分量だ。でも、何かが違う。明らかに「色」が出ているのだ。例えば、「強み」の象限だけ妙にアツく書かれていたりするのだ。

もちろん、その他の象限についてもきちんと分析されているのだが、その分析を見ただけで、明らかにこのコンサルタントの「強みをいかに活用して市場をガーッととるかが大事なんだ！」というメッセージが全員に伝わってしまう。弱みにフォーカスしてそれを徹底的に修正するのか、機会に焦点を当て、新しい分野を狙うことを強く主張するのか、それはもちろん、ケースバイケースである。だが、どこを攻めるべきかは一目瞭然なのだ。

ちなみに私は、こういった分析をする際、それぞれに必ず「○○戦略」というようなオリジナルな名前をつけることにしている。「フォーカス＆ディープ戦略」「三点突破戦略」……何でもいい。名前をつけるかどうかは別として、優れたコンサルタントは意思を出す。ある意味で決めつける。これが本質だ！　ということを、強く主張する。

経験が浅いコンサルタントが埋めたSWOT分析は、よくまとまってはいるが、何も言っていないに等しい。これはビジネススクールの演習では模範解答になるかもしれない。だが、現場では通用しない。

ちなみに、この分析ということに関して注意しておきたいのは、企業の現場の人たちが同じ分析を同じ情報をもとにして書いたとすると、どちらともまた違った分析が出てくる、ということだ。

企業の現場の人が整理しようとすると、やっぱりどうしても既存の自分たちの考えの方にもっていこう、もっていこうという傾向が出てしまう。これはこれでやっぱり「色」が出てしまうのだ。その色は、閉塞感のある抽象的な色になりやすいのだ。

●「瞬間凝縮力」は、経営者必須の能力

さて、このように優れたコンサルタントというのは、ある意味、早いうちから「決め込んで」しまう。だから、とにかく最初の時点で考える。つまり、本質を探る。本質を探究する力が、コンサルタントには必須なのだ。これは、「瞬間凝縮力」とでも言えるものである。

しかし、よく考えてみれば、これはビジネスパーソンだって同じことだ。

例えば、優れた経営者の特徴の一つに、人の話をよく聞くということがある。だけど、人の話を全部聞いた瞬間に、「そのあと結論としてこんな問題があるんだよね」「ここがポイントだね」ということをズバリと指摘する。つまり、情報を整理しながら本質をグッとつかまえる力があり、しかも、それがものすごく速い。

よく考えはするのだが、アウトプット自体はものすごく速い。だから、一見、思いつきで言っているようにさえ聞こえる。でも、それにはちゃんと根拠がある。私の周りの優れたコンサルタントは「明確に」という言葉をよく使っている人が多いが、そう、彼らの中

ではすでに「明確」なのだ。

コンサルタントの仕事において、「思考力」ということは非常に大きなウエイトを占める。だからといって、時間をかけて考えることがすなわち「思考力」ということではない。大事なのは本質を見抜き、凝縮すること。

このことを、しっかりと認識してほしい。

2-3 できるコンサルタントは左脳で仕組み、右脳で仕掛ける

●右脳と左脳の使い方が、瞬間凝縮力を高める

前項で紹介した「瞬間凝縮力」。これが速い人は、左脳を使いながら右脳で答えを出すというサイクルが速いのだろう。よく考える、ということと、時間をかけるというのとは全然違うものである。

ここで、左脳と右脳、という話をする。詳しく話し始めるときりがないので、論理をつかさどるのが左脳、直感が右脳、と言うにとどめておく。

左脳力を使いながら右脳力で最終的にバーンと結論を出すという流れが、優れたコンサルタントの思考法である。つまり、ベースに論理力があるのだが、論理力と直感力を両方クロスしながら考えて、最終的には直感力的に聞こえるように伝える。だから周りの人には、思いつきで言っているようにすら聞こえる。でも、ベースに論理があるから、質問さ

れてもちゃんと左脳力で答えることができる。

これはつまり、前章で紹介した「仕組む力」「仕掛ける力」と同じことだ。つまり、「仕組む力」が左脳、「仕掛ける力」が右脳となる。

●右脳と左脳を使い分ける

経験あるコンサルタントと経験のないコンサルタントの違い、これは、ハッキリ言ってしまえば「仕掛ける力」＝右脳力の問題。「仕組む力」＝左脳力はあって当然。大前提でしかない。

だが、経験がなくて、しかも勉強ができるコンサルタントというのはどうしても左脳を使ってしまいがちだ。右脳という意味が、わからないのだ。

問題がある。解決しようと考えるがいい案が浮かばない。そうして考えれば考えるほど、どんどん左脳が中心になってしまうのだ。一方、「仕掛ける力」がある人は、左脳力を「利用する」。

脳梁《のうりよう》という、左脳と右脳をつないでいる部分がある。そこの行き来を意識して、左脳力、右脳力のバランスをうまくとれる人が優れたコンサルタントになれる。うまくバランスがとれているとき、右脳が左脳をバーッと飲み込んでいる感じがする。これが、左脳力を利用しているという感覚だ。

これらは、自然にできればそれに越したことはないが、意識して鍛えることも、もちろんできる。

例えば、何かの要素を分析するとして、それに時間制限を設ける。例えば、三十秒。そうすると、左脳がいっぱいいっぱいになる。そのときに初めて、右脳が働くという感覚がわかる。左脳がいっぱいにならないと右脳はいっぱいにならない。

左脳だったらもうどう考えても無理！という状況に追い込むことで、無理やり右脳を働かせるということだ。私の会社では、ことあるごとに「三十秒で考えて」という言葉が飛び交う。だからどんなときでもボーッとできない。だがそのたびに、脳が鍛えられる。

ちなみに実はこれ、P＆Gで実際に行われている習慣らしい。弊社では、これをパクり……ではない、ベストプラクティスにさせていただいている。

基礎練習をしっかりやらない人間には右脳は使えない。逆に、右脳だけ、つまり直感だけでも長続きしない。広告業界などには、右脳だけでクリエイティブを行って成功しているように見える人がいるが、その人たちにはいずれ、賞味期限がくる。左脳を一生懸命使って基礎練習をやったあと、右脳の世界にいった人には賞味期限がない。言い尽くされたたとえで恐縮だが、イチローのようなもの。徹底的に練習しまくっているから、センスが出てくる。センスのいい人というのは、やっぱり基礎訓練をしている人。経営についても同じことだ。

優れた広告クリエイターは、左脳を徹底的に使って、いっぱいにして、それで右脳にもっていっているのだ。彼ら彼女らには、賞味期限はない。

コンサルタントは「思いと経験が自己進化させる」ということは前述した。だが、この「経験」というのは、ただ年月を重ねればいいということではない。単なる経験は左脳にとどまるだけである。本当の意味で自分の経験と言えるようになるのは、左脳の蓄積から右脳に転換されて、右脳で物事を考えることができるようになったときだ。

●ピーンとくる一言も、右脳と左脳の働きから生まれる

現場力のあるコンサルタントの特徴の一つに、「心に刺さる言葉！ ピーンとくる言葉！」をつくり出すことができる、というのがある。これも、右脳と左脳の働きで説明できる。

コンサルティングをしていると、あるとき突然「このメッセージを相手に言いたい！」ということきがある。それを「こうですよね！」と伝えると、向こうもすっと納得してくれる。そんなキーワードが瞬間的に出てくるのだ。まさに、キーメッセージ。心に刺さる瞬間とかピーンとくる瞬間とか、霧が晴れる瞬間というのは、確かにある。

こういった心に刺さるメッセージというのは、左脳からは生まれてこない。右脳から出てきた言葉だから、心に刺さり、ピーンとくるのだ。

閾値《いきち》脳という考え方がある。左脳と右脳の話で言えば、まず、徹底的に左脳に詰め込む。そうすると、左脳のバケツがあふれる。それが閾値がいっぱいになったということなのだが、その瞬間ピーンとくる、ある考えが浮かぶ、ということだ。英会話などで、いくら詰め込んでもなかなか話せるようにならないものが、ある瞬間急にわかるようになるという。これも同じだろう。

いろいろなデータを集めて、インタビューをして、考えに考える。するとあるときに本質が、まるでバケツから水があふれてくるように見つかるのだ。それが商品企画のヒントとなり、戦略の方向性となる。まさに、閾値に達したときである。

●企業にも「閾値」がある

これは、企業活動全体にもいえることだ。『じゃらん』『ゼクシィ』、最近では『R25』など、リクルートのビジネスモデルは非常に優れたものと定評がある。だが実は、そのビジネスモデルはたくさんありそうに見えて、実はほぼ一本なのだ。

要するに、メディアを販売促進のツールにする、ということだ。つまり、メディア販売促進ツール化モデル。基本的には広告を読ませる。クライアントが、広告をどうしても出したくなるような形にメディアを作り込む。これは企画力の勝利でもある。

確かにリクルートの企画力は素晴らしい。だがそのベースとなっているのは、明らかにその圧倒的な営業力である。

リクルートの営業活動のすさまじさは知る人ぞ知る、といったところだ。とにかく走り回って広告を取ってくる。そしてその際、顧客の視点とか市場の声というのを、営業の人間は徹底的に聞いてくる。そうしたものがメディアとしての雑誌のコンセプトになり、または他のメディアのコンセプトにいきつくわけだ。

つまり、リクルートの営業力が左脳としてのベーシックなものであり、その中に右脳的なものが入っていて、それが閾値を越えてあふれ出たとき、企画力がカバーして新しいものを生み出す……これがリクルートの力、現場力というものになっているのだと思う。これは、コンサルタントの頭の使い方の構造と同じだ。

●「仕組む力」と「仕掛ける力」

「仕掛ける力」と「仕組む力」という切り口は、非常に使い勝手がいい。現場の仕組む力と仕掛ける力、コンサルタントの仕組む力と仕掛ける力だけでなく、人としての仕掛ける力と仕組む力、リーダーとしての仕掛ける力と仕組む力というように、いろいろな説明が可能だ。戦略論も、仕掛ける戦略と仕組む戦略というふうに分けることで、対峙する概念を求めるとわかりやすい。

現場力を考えるときにも、この仕掛ける力と仕組む力ということを意識しながら、物事を考えるというケースが比較的多い。前にも述べたが、現場力のある企業では、仕組む力があるところに仕掛ける力が加わり、行動につながる。この二つのサイクルがうまく回っている会社はヒット商品がコンスタントに出るけれども、ヒット商品が生まれても長続きしない会社というのは、仕組む力が弱いところだ。

　または、ある事業からすぐ撤退することができる会社は、仕組む力がある。仕組む力がないと撤退することさえできない。仕組む力がない企業に、我々コンサルタントは軽々しく撤退を提案できない。

　クライアントの課題解決を図る前に、その企業の仕組む力と仕掛ける力がどのくらいのレベルなのかを評価するということも、大事になってくる。

2-4

できるコンサルタントは「自分のツールをつくる」

●課題解決を加速させる「蝶ネクタイ」チャート

次ページの図を見てもらいたい。なんだか蝶ネクタイのような形をしているが、これはコンサルタントの現場力の、あらゆる基本となるチャートである。真ん中からロジックツリーが、左右に広がっていくというイメージだ。

「ロジックツリー」は、随分有名になってしまった。私がコンサルタントになったときと比べ、雲泥の差だ。しかし一応、説明しておく。

ツリーとは、その名の通り、木の幹に枝が生えるように、どんどん細分化していく構造を示すものだ。木の幹となる部分には、大きな問題や課題を置く。そして、木の枝に、そこから派生する課題をつなげていく。こうやってどんどん枝を張っていくと、最終的にはいくつもの具体的な課題解決策につながっていく、という仕組みだ。

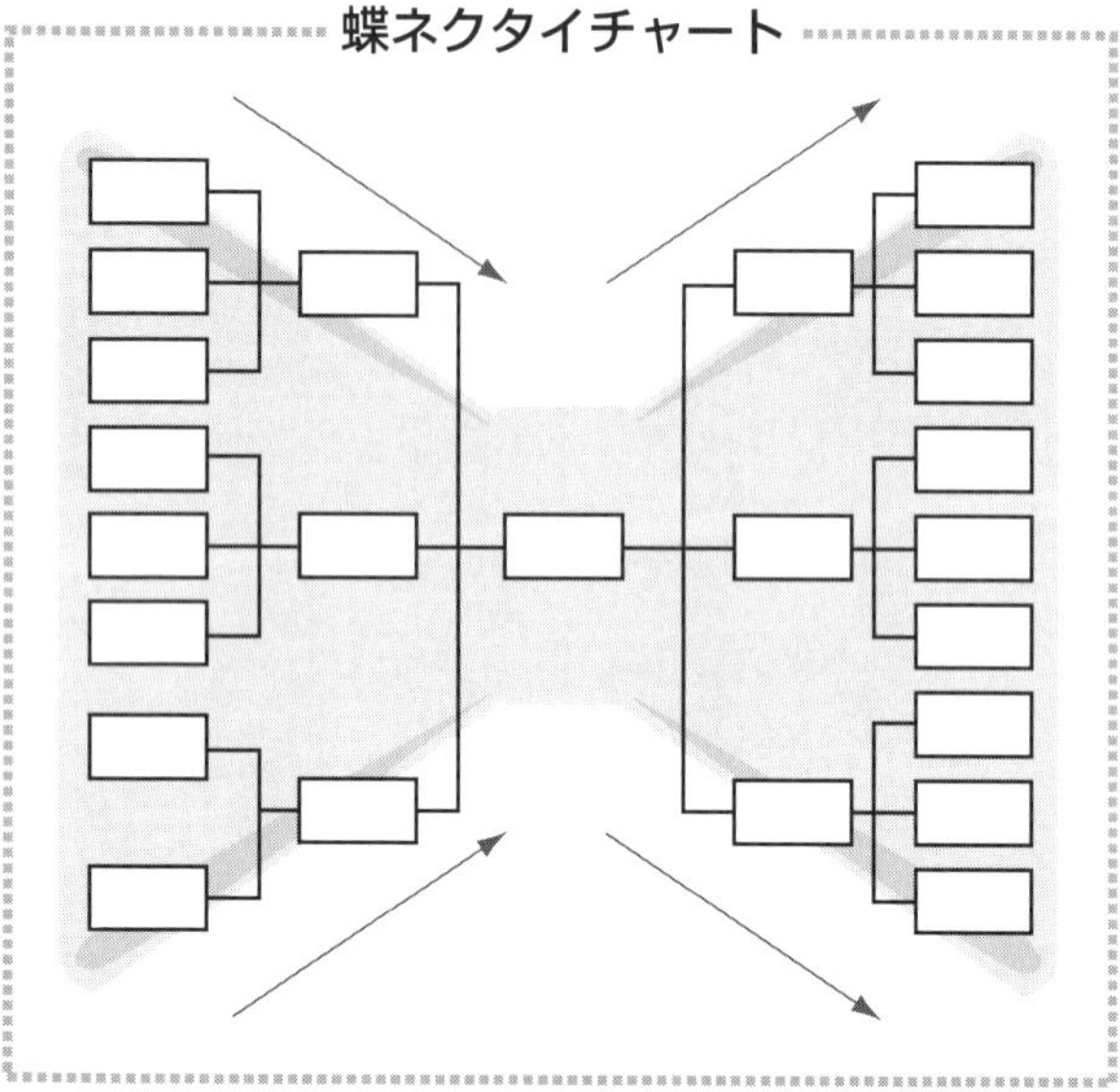

このように、どんどんと要因を連ねていくことで、最終的にはさまざまな具体的対策が浮かんでくるわけだ。これを「ブレイクダウン型」ツリーと呼ぶ。逆にバラバラの課題をとにかく出していって、それを共通項で結んでいき、最終的に一つの結論にまとめるものを「ボトムアップ型」ツリーという。

さて、この「蝶ネクタイ」だが、これはつまり、ボトムアップ型のロジックツリーとブレイクダウン型のロジックツリーを合体させたものであることがわかるだろう。

つまり、コンサルタントは課題解決

を図る際、まずは情報を集める。要するに、各種データとか細かい現象を集め、まずは収束させる。もちろん、仮説が前提にある。そして課題としてまとめ上げるのが「課題解決」の方針となるのである。

それに対して、今度はこの課題解決を目標に設定し直して、基本コンセプトや基本戦略などを考え、それを個別戦略に落としたり、サブコンセプトに落としたりして、最後にアクションプラン、つまり具体的な解決策に落としていく。これが課題解決への「戦略シナリオ」となる。つまり、一度まとめた課題解決を、さらに広げていくというイメージだ。

この図を意識することで、コンサルティングの流れというものが一気に明確になる。まず、自分が今、どこの場所にいるのか、ということが明確になる。考えているうちに自分の立ち位置がわからなくなる、ということが防げる。具体的に、これなら何をすればいいのか、ということが見える。

場数を踏んでいる経験者というのは、このプロセスが速い。チャートを使わなくても、脳内で自然に「情報収集」から「課題解決」への収束、「課題解決」から「戦略シナリオ」への拡散を行っているのだ。スタートからゴールまでバーッと行ける。だが、経験が浅いと、なかなか難しい。ならば、これを地道にたどっていけばいいわけだ。

またこれは、クライアントとコミュニケーションを図っているときにも使える。クライアント自身が現在の進行状況を見失い、困惑するということはよくある。特にコンサルタントが優秀で、先ほどのようにこのチャートを一気にたどって答えまでたどり着いてしまうようなときはなおさらだ。

そのときはこのチャートを使い、自分たちの課題解決が今どの段階にいて、これから何をすべきか、ということを明確にすることができる。

後述するが、このチャートは、あとで出てくるシナリオデザイン力、メッセージ力、リサーチ力など、さまざまに活用することができる。

●具体論から汎用論、そして応用論へのサイクル

ちなみにこの「蝶ネクタイチャート」は、私の今までの現場経験を踏まえ、それを汎用化するべく生み出したものである。

このように、一個一個の現場の情報なり現場の経験というものを積むと、それがだんだん汎用化できるようになる。ベースには、小さいデータなり情報を束ねて抽象化するとい

う、ロジックツリーの発想が根底にある。

つまり、自分なりの一つの「黄金率」を持つことができるようになっていくわけだ。いくつかのルール、あるいは一つの定石を得ることができれば、ある会社に行って具体的な話を聞いた瞬間に、具体論から汎用論にパッと移ることができる。そして、それをまた具体論に、というサイクルをグルグルグルグルグル回していくうちに、ここでいう応用論ができていくのだ。

つまり、「具体論から汎用論、そして応用論へのサイクル」というものが大事になってくるのだ。

だから当然、具体的な話がたくさんあるほど汎用化しやすくなる。あらゆるケースに具体論を当てはめることができれば、それに応じてその企業に合った答えを出しやすくなる。このサイクルはやっぱり、場数を踏むことが最大のポイント。これを別の言葉で言えば、左脳と右脳を行ったり来たりして、答えが出てくる、ということだ。

●既存のツールにとらわれるな！

考えるためのツールというものがある。これはあくまで最初に勉強するべきであるけれども、それを自分でカスタマイズすることが大切なのだ。既存のツールを、自分の汎用論にもっていく。

例えば、3C分析をベースにして4C、5Cとしてみたり、または4Pというものをベースにしながら4Pプラスもう一つのP、など、足していくのが一つ。あるいはPPMの縦軸と横軸を入れ替える、などということもあるだろう。こういうことは、どんどんやるべきだ。本やビジネススクールで習うツールは、そのままでは必ずしも企業の現場では使えない。フレームワークは基本として知っていて当然。でもそれは、基本でしかない。

経験の浅いコンサルタントが間違えがちなのは、その先にあることをどうするか、を考えるためにフレームワークは存在しているのに、すべての問題をフレームワーク中心に語ろうとしてしまうというところだ。

私もコンサルティングを実施するときには必ず、こういうフレームワークを使ったアウトプットをこんなイメージでこのレベルで出しますよと、クライアントに伝える。または、プロセスコンサルティングでお客さんにアウトプットを書いてもらうというケースもある。その場合には、こういうフレームワークでこういうレベルのこういうボリュームのアウトプットを書いてくださいと渡す。あちこちにフレームワークが登場する。

だが、そのフレームワークを埋められたからすべてがうまくいく、ということにはならない。フレームワークはあくまで出発点なのだ。次に、埋めたフレームワークを一回「壊す」。そうすることで、そうした既存のフレームワークではない、新しい自分流のフレームワークと新しい自分の右脳を使ったコンセプトを出すことができるのである。

新しいフレームワークをつくるに際して、コツが一つある。「高く広く深く」という言葉を意識することだ。視点を高く、視野を広く、そして洞察力を深くする、ということを意識することが、あらゆる場面ですごく大事になってくる。これは、私がコンサルティングの際に非常によく使う言葉だ。

応用力がない人間は優れたコンサルティングができない。その汎用的なツールをどんどんカスタマイズする力こそが現場力だと言えるだろう。

2 - 5

できるコンサルタントは「自分軸」と「相手軸」を使い分ける

●コンサルタント初期の失敗

今でも忘れられない失敗がある。

私がまだ駆け出しの頃、まだ一年目くらいだったと思うのだが、担当になったばかりのお客さんの怒りを買って、担当者をはずしてくれと言われたのだ。

一体何をしたのかというと、自分のところの問題点を挙げてくれと言われたので、ヒアリングをしたりいろんな財務分析をしたりして、悪いところを徹底的に洗い出したのだ。

それをトップにプレゼンテーションした。だが、トップはすごく嫌な顔している。社長というのは、会社のことイコール自分のことと捉える。だから、まるで自分や自分の家族の欠点をバーッと言われたような感覚になるのだ。

もちろん、実際にはいろいろな問題点があった。ビジョンが不明確とか、美辞麗句は並べているけど実際は現場がそうなっていないとか、現場の弱点というものをトップがわかっていないとか……。だが、とにかく会社の問題を指摘すれば指摘するほど、トップが悪いという話になってしまうのだ。

トップだって人間だ。自分が悪いと思っていても、それを素直に認めるのは簡単なことではない。トップに納得してもらわなければ、こちらがいくら資料を集め、完璧なプレゼンを行ったところでコンサルタントの仕事は失敗だ。

結局、当時の私は自分の立場でしかものを見ることができていなかったのだ。相手がそれを読んでどう思うか、そこまで考えがいかなかった。

●相手に言いにくいことを言うコツ

今はさすがに、そういった失敗はしなくなっている。一つコツがある。企業診断において、私は必ず、最初にその会社の歴史を書くのだ。その会社の成長曲線を書く。

コンサルティング会社に仕事を発注するときというのは、一定期間成長したところで止まってしまったとか、成長はしているのだがその伸びが鈍化している、というような場合が多い。だからまず、成長曲線を書く。今までどんな成功があり、その理由は何か、つまり、あなたの会社の強みはこれとこれとこれであり、だから成長したんだと、成功要因はこれだったということを、最初に言ってあげるのだ。

まあ、ある意味ヨイショするわけだ。あなたのところはこういう魅力がある。あなたはトップとしてこんな素晴らしいことをやった。ところで……だけど、この成長が止まってしまっている理由はこうですよね、という流れで問題の本質を伝える。すると相手も、確かにそうだよな、と納得してくれる。前段もなくいきなり本質的なことを言ってしまうと怒りを買う。そうなると、危機感を持たせることもできない。

これこそが、「相手軸」も考えた現場力というものである。

●「自分軸の中に相手軸を入れる」のがコンサルタントの真価

だがそれだけでは、自分軸の世界から相手軸の世界に入ってきたばかりの、中堅のコンサルタントの能力という感じだ。実は、それからさらに進むと、今度はまた、社長が悪いときは社長が悪いと明確に言ってしまうようになるのだ。あえてこまごまと言わずに、まず最初に、社長が悪いと言い切ってしまう。その後に、でも社長のコア・コンピタンスはこれだ、このバランスが崩れている！　という流れで言うことが多くなってくる。

といって、別に面と向かって罵倒するわけではない。表現にはかなり、気を使う。例えば、マーケットが大きく変わってきたことに対して、それに合わせてトップが事業を大きく変えるってことをやらなかった、トップはもっと勇気を持つべきだった、といったところだ。あるいは、もっと大きく経営資源の集中化をすべきだったとか、言い方はいろいろある。

やはり大事なのは、自分軸と相手軸。相手の顔を見ながら会議とかシーンの中でバランスをとりながら、厳しいことを言いながらもヨイショを多少しながら、といったことができないとダメ。このあたりは、高度なファシリテーションの技術に類することでもある。

やっぱり経験の浅いコンサルタントは自分軸になりがちだ。で、それが過ぎると今度は相手軸を中心にする段階になる。でもこれもまだ不十分。熟練してくると、自分軸なのだがベースに必ず相手軸が入る、という形になる。この三段階目ぐらいまできて、やっとコンサルタントとしての真価が出る感じだ。

前の項でも説明したように、相手に聞いた話を自分流にアレンジしてノウハウにする、というのがコンサルタントの真価なのだから。

2-6

できるコンサルタントは「場をつくる」

●事件は会議室で起こっている！

コンサルタントの現場と言ってもいろいろだ。例えば、話を聞くために生産ラインの中に入ったり、企画の現場の人間に話を聞きに行ったり、物流関係の拠点に出向いてみたりするというのも現場だろう。だが、戦略コンサルタント、ビジネスコンサルタントの領域では、実際に一番多い現場はやっぱり「会議室」。

会議室やミーティングルームでミーティングをしてる場が一番、コンサルタントの現場力を問われる場所なのだ。つまり、人と人とのコミュニケーションを図っているときが一番の現場。レポートを書いたりするのも重要な仕事ではあるが、それは現場の仕事とはちょっと違う。

ドラマ『踊る大捜査線』での、青島刑事の「事件は現場で起きてるんだ、会議室で起こっているんじゃない」というセリフは有名だが、我々コンサルタントにとっては「事件は会議室で起こっているんだ！」ということになるのだろう。

会議というと取り上げられることが多いのが、トリンプの「早朝会議」。次々と問題点を挙げ、それを明確にしていき、その課題解決にデッドラインを引くことでスピーディな課題解決を実現している。

この会議を始めたトリンプの吉越浩一郎社長が、会議運営ができないトップはあり得ないと言っているが、私も同感だ。やっぱり、コンサルタントとして会議運営がうまくなかったら話にならない。ファシリテーション、会議運営がうまくできるかどうかは、その人のコンサルタントの能力を問う、非常に重要な鏡となる。だから私も自社の会議で、コンサルタントが会議のファシリテーションに対してたるんでいると思ったときには厳しく指摘する。

●「幽体離脱」と「高く広く深く」

ここでも重要なのは、自分軸と相手軸のバランス。例えば会議でも、打ち合わせでも、つねにその意識がどこかにある。

だから、ものすごく相手を観察している。徹底的に観察する。どういう言葉で反応したかとか、表情とか。それを見て、今日はこれは言うべきでないとか、今日はここまで言ってしまえ！　などと判断する。

大事なのは「幽体離脱」という感覚。会議全体を上から見るという感じだ。

会議の中で、ときに感情的になってしまうことは、ある程度は仕方がない。当然、言うときは言う。でも、それをちょっと離れたところから見ている第三者がいて、言い過ぎじゃないか、言い方がちょっと極端じゃないか、ということをチェックするわけだ。

あるいは、これは今日言っていいものかどうか、そもそもこの場にキーパーソンがいるかどうかなど、これらは会議全体を上から見る感覚で、つねに判断する必要がある。

また、ここでも「高く広く深く」という考え方が大事だ。会議の合間合間でちょっと立ち止まり、この項目をチェックしてみる必要もあるだろう。

このように、会議の際には目先のことに集中しつつも、それを俯瞰《ふかん》する必要もあり、つねに頭を休みなく働かせる必要がある。だから、他の部屋の声が聞こえたり、周りの騒音がひどいような会議室は絶対ダメ。私は今まで四〇〇社の会議室に入ったが、こういったところが意外とある。また、電話連絡が頻繁に入り、人がちょくちょく抜け出す、といったことも会議の雰囲気を悪くする。終わるまでは絶対に「外出禁止！」である。

本当の会議はただの時間つぶしとか、上からの話を聞くだけだとかいうものではない。もっとアグレッシブなものなのだ。

私自身、これほどいろいろな会社の会議室を見ていると、会議室でその会社の質がわかってしまう、ということがある。赤じゅうたんひいてフカフカのところにでっかい机がバーンとあるような会議室では、まあ、ろくな会議はできていないと思ってしまう。会議室と貴賓室は違うのだ。

●笑いの効果

会議における場づくり、空気づくりには、「笑い」ということも必要になってくる。優れた経営者の会議には共通して、話の中に突然「笑い」が出ることがある。むしろ、厳しいときにこそ笑えるようなことをポンと言う人が多い。

私も仕事柄、いろんな経営者に会っているが、普段厳しい人ほどこういう場を、ふっとなごませる「笑い」を引き出すことがうまい。むしろ、緊張感があるからいいのだろう。

緊張感があるから場が一気になごんで笑いが出るということだ。

会議ではなくプレゼンの際にも、笑いに包むというのはやっぱり大事。どんなによくできたフレームワークを使ってプレゼンしたとしても、笑いがなかったら面白くない。どうしても途中で、聞く側の集中力が途切れてしまう。

だから、我々は笑いの訓練すらもしている。だが、これは難しい。それでも、慣れてくると、別にネタを仕込むとかではなく、その場の雰囲気を見て「笑わせたいな」と思うときに、ポッと言葉が出てくる。向こうからやってくる、という感じだ。なんというか、モア〜ッと出てくる。それをつかまえることが大事なのだ。だから訓練しにくい、難しい。

●相手を納得させても、実践させられるかはわからない

なぜ、会議やプレゼンの「場づくり」にこだわるのか。

それは、コンサルティングの究極の目的は相手を説得することではなく、あくまで「実践してもらう」「自ら納得してもらう」ということだからだ。

どんな問題でも、基本的に、最終的にはクライアントが自分で答えを出すのが一番いい。我々はそれを支援してあげるだけだ。だから、我々の仕事は、最終的で本質的な答え

を出すための場をつくる、ということになる。そういう空気をつくるための笑いであり、ファシリテーションである。

コンサルタントが自分からこうしろああしろとするよりも、場を盛り上げて場をつくって相手をその気にさせる、あるいは包み込むことのほうがよっぽど物事がうまくいくことが多い。

なぜか？　考えてみれば当たり前だ。いくら知識があり、分析も優れているといっても、コンサルタントから一方的に指示するだけでは、仮に相手が論理的に納得したとしても、やる気を出して動いてくれるだろうか？

親子関係で考えてみるとよくわかる。親が論理を用いて、「お前の進路はこうすべきだ、だからこれだけ勉強しろ」と言ったところで、子どもが従うだろうか？　親子関係の中には論理より、明らかに情緒とか情とかのほうが大きい。これは組織だって同じなのだ。

大学教授や高校の先生、警察官、弁護士、医者などの威厳を重視する家の子どもにうつ病が多いのではないかと、以前、カウンセリングをしている妻に言われたことがあるが、これは、理屈はわかるけど感情や情緒がついていかないことによるのではないだろうか。

優れた論理に基づいた戦略があったとしても、メンバーの協力が得られなければ何の役にも立たない。メンバーを巻き込んでいくこと、ある意味、それが最大の現場力と言える。

コンサルタントは論理的思考だけではいけないのは、一つには論理的思考だけではアイデアは出てこない、ということがある。そして、それにも増して重要なのが、人は論理だけでは動かない、ということだ。

コンサルタントの現場力で一番大事なことはその気にさせる、課題を解決しようという気持ちにさせる、客観的な論理を受け入れようという気持ちにさせる、そして、さらに次のステップとしての踏み出したいという思いに駆り立てる、ということである。別にコンサルタントに限ったことではない。あらゆる経営者、マネージャーに必要な能力だ。

第3章

「人間力」なくしてコンサルタントの資格なし！

Chapter 3

3-1

「自分パワーアップ力」で、人の心を動かす力を持て!!

●コンサルタントの仕事は、大きく三つに分類できる

さて、この章からは、「コンサルタントは現場で実際にどんなことをしているのか?」を解き明かしていくことで、コンサルタントの現場力を仕事に活かす方法を探っていくことにしよう。

まずは、コンサルタントの仕事を、大きく三つに分けてみたいと思う。そしてそれをさらに細分化してみる。

それを次ページの図にまとめてみた。いかにもコンサルタントが好みそうなチャート図である。コンサルタントの思考法はクセになる。ぜひ、お付き合いいただきたい。

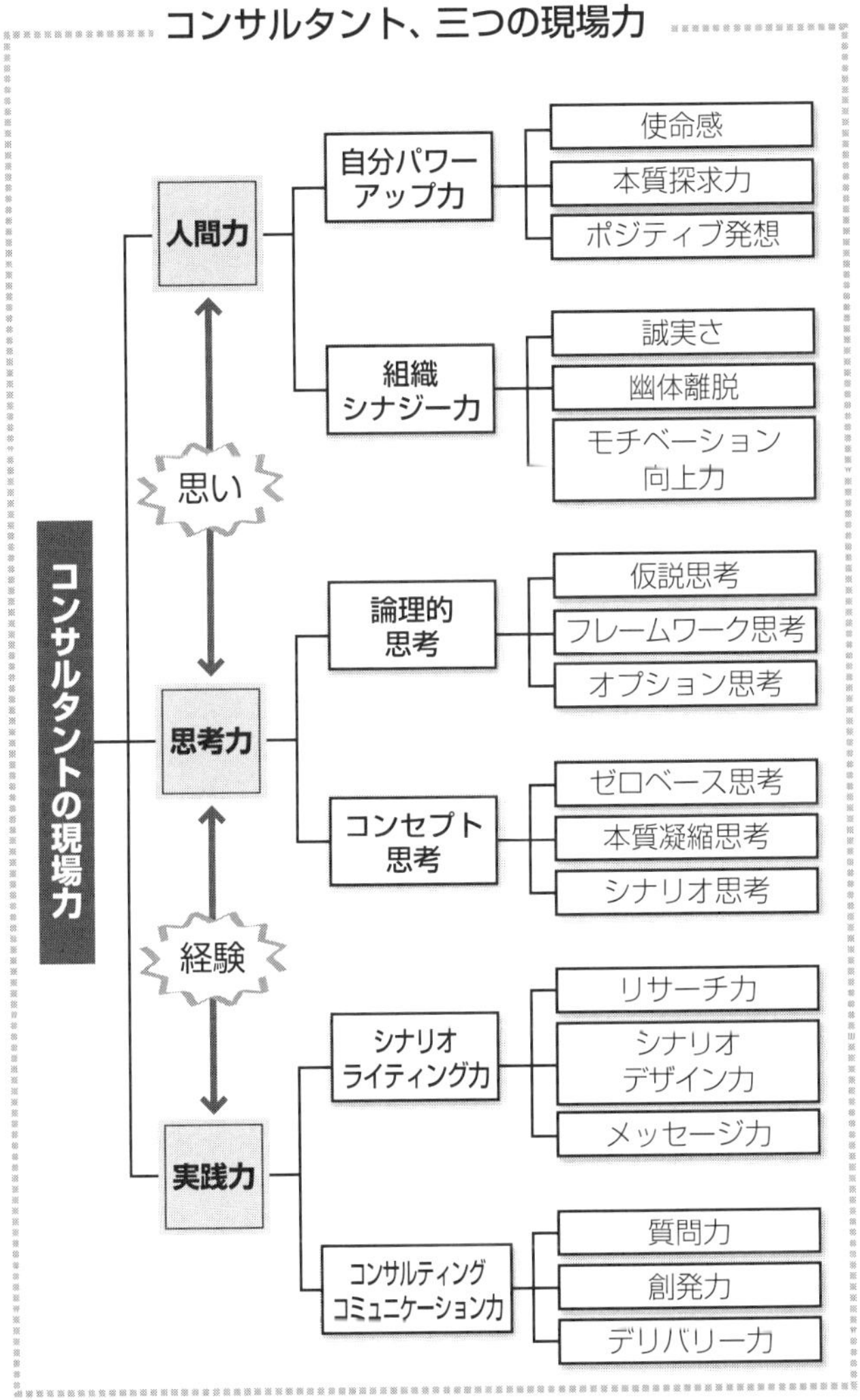
コンサルタント、三つの現場力
コンサルタントの現場力
人間力
思考力
実践力
思い
経験
自分パワーアップ力
組織シナジー力
論理的思考
コンセプト思考
シナリオライティング力
コンサルティングコミュニケーション力
使命感
本質探求力
ポジティブ発想
誠実さ
幽体離脱
モチベーション向上力
仮説思考
フレームワーク思考
オプション思考
ゼロベース思考
本質凝縮思考
シナリオ思考
リサーチ力
シナリオデザイン力
メッセージ力
質問力
創発力
デリバリー力

コンサルタントの仕事を依頼された際、まずは、プロジェクトの目的・背景を再考する。このプロジェクトには、どんな意味があるか？　クライアントは何を期待するのか？をしっかりと考えることが必要だ。社会的にどんな意味があるか？　市場的にどんな価値があるか？　これを自分なりに考えて、クライアントにとっての本来の目的を深く考えておく。

ここで問われるのが、時代の流れ、つまりクライアントの歴史と未来を洞察する力。深い人間力とも言える。自分でしっかりと考える力、そして相手を巻き込む力が必要だ。これを「人間力」というくくりでまとめてみた。もちろん、プロジェクトスタート時だけではなく、すべてのシーンで必要な能力でもある。

次に、そうして得た情報を分析し、新たな戦略なり解決策なりを導き出す。前章で紹介した「仕組む力」＝論理的思考、「仕掛ける力」＝コンセプト思考である。これを大きく「思考力」というくくりにした。

最後に、出た答えを実行してもらう必要がある。クライアントの心に伝わるメッセージとして、熱意を持って伝え、実行に移してもらう。これを「実践力」としよう。

この図は、例外はあるが、概ねコンサルタントの仕事の流れと一致している。ではまず、「人間力」について説明していこう。

●トップが変わらなきゃ、何をやってもムダだ！

以前コンサルティングしたある会社。明らかに、トップの考え方が間違っている、と言うほかなかった。時代背景と市場の動向について、完全に考え方が間違っているのに、それを認めようとしないのだ。

その人は、個人の能力に関しては非常に長けていて、ずっとトップセールスマンとしてやってきた人物だ。そして、そのやり方を組織としてやらせようとする。だが、マーケットの環境も変化し、個人の能力に頼るそのようなやり方は間違っている、それじゃあ絶対に無理だということが明らかなのにもかかわらず、何度言っても、なかなか納得してくれない。

こちらも戦略を立てはする。そして、本人もＯＫとは言う。だが、彼が心からその戦略を支持しているとはとても思えない。コミュニケーションが取れているようで、実はまったく取れていない。

彼がこの考え方を変えてくれない限りは、絶対成果が出るわけがないのだ。もちろん、彼にも変わってもらうべくこちらも働きかけはする。だが、人の心や気持ちを変えるのはなかなか大変だ。べき論の戦略、したいと思う戦略、やれる範囲の戦略を上手に擦りあわせないと机上のコンサルティングになってしまうのだ。コンサルタントに人間力が必要なのは、こういうときだ。

高い視点・広い視野・深い視座を持ってしっかりと相手の立場で考え、導かないといけないのだ。

●コンサルタントは「触媒」である

多くの会社で、多くのプロジェクトを展開し、コンサルティングを進めていく中で、わかってしまうことがある。「ああ、このチームでこのままやったって無理だ……」「チームリーダー、トップの気持ちが入っていない、メンバーを導いていない……」と。

このようなとき、思い切って人を変えるほうが、間違いなくいい。別に悪気があってやれないのではなく、能力的にやれないというときもあるし、やるつもりがないときもあるが、よっぽど経験のない若手をリーダーにしたほうがいいんじゃないかと思うことも多い。人が変わった瞬間に、本当に恐ろしいぐらいに組織が動き出すということは、よくあることだ。

だが、実際にはすべてのリーダーを変えるのは難しい。もちろん、トップを変えることができれば一番いいのだが、トップが言うことを聞かなかったから失敗した、などということは、プロのコンサルタントに許されることではない。そして言うまでもないが、一般のビジネスパーソンがトップをどうにかするということも、もちろんほとんどの場合、できない。コンサルタントも一般のビジネスパーソンも、条件は一緒だ。

逆に、トップばかりがやる気があり、メンバーはまったく乗り気でない、ということも多い。そうなると、ひとりふたり入れ替えたところでどうなるものでもない。


組織は人の集まりだ。個がパワーアップすれば組織も大きくなる。かつ、組織がパワーアップされていると、個もその勢いに巻き込まれ、さらなるパワーアップが図れる。こういう相乗作用を起こすことができれば、プロジェクトは俄然、勢いを増す。

逆に言えば、組織が機能不全を起こすと、個人のパワーもそがれてしまう。そしてそれがさらに、組織の機能を麻痺させる。

コンサルタントは、触媒である。機能不全を起こした組織の中に入り込み、そのパワーで組織の雰囲気を変えていこう。初めは自分一人でも、それはどんどん広がり、ついには組織を変えることができるはずだ。

そのときに問われる力、それこそが「人間力」である。

●「人間力」って言われても

もっとも、「人間力」などと言ってしまうと、なにやら大げさな、あるいは曖昧なものに聞こえてしまうだろう。確かにその通り。では、わかりやすくするために、これを分解して考えてみよう。

まずは、自分を磨き上げる必要がある。自信がなかったり、いつも暗い顔をした人は、周りの人に悪い影響しか与えない。一方で、自分だけ自信満々でも仕方がない。その自信ややる気を組織全体に広げていかなければならない。

そう考えれば、人間力というのがちょっとは見えてくる。つまり、「自分をパワーアップ」し、一方で、相手の立場に立ち、「組織にシナジーを起こす」ということ。これを「自分パワーアップ力」と「組織シナジー力」とし、それぞれをさらに分解した。これが例の図である。

「自分パワーアップ力」には「使命感」「本質探求力」「ポジティブ発想」の三つがあり、一方の「組織シナジー力」には、「誠実さ」「幽体離脱」「モチベーション向上力」の三つがある。

どれも大事なものばかりだが、私の個人的な考えでは、より「自分パワーアップ力」の方が大事だと思う。コンサルタントが、いや、何かを変革したいと願うすべてのビジネスパーソンが動かさなければいけないのは、「人」ではなく「人の心」だ。そのためには、どれくらい自分を信じることができるかが、大前提となるのだ。

自分を愛し、自分を信じ、自分の力を認めた人だけが、組織にシナジーをもたらすことができる。私は、そう考えている。そして、やがてその自分を超えるときが、必ず出てくる。「自分ってなんだっけ？　自分、って別にそんな考えどうでもいい。周りの人が、幸せになってくれて、周りの人が、気づいてくれればそれでいいんだ。クライアントが、喜んでくれた、元気になってくれればそれでいいんだ！」と、思えるようになってくる。「自分は、ミッションを与えられている。それは自分を活用して周りの人を導くことなのだ」。そう、自然に思えてくるようになる。

人間力のコンピテンシー、それぞれの項目については、読んで字のごとくのものもあれば、なんだかわからないものもあるだろう。一つ一つ説明していこう。

◇「使命感」――ひるまない、動じない、迷わない！

●逃げの姿勢は見破られる

使命感について語る前に「自分パワーアップ力」について、もう少し考えてみよう。

あなたはどんな人に、魅力を感じるだろうか？　どんな人になら、仲間として一緒に仕事をしていきたいと思うだろうか？

わかりやすいところでは、「明るい人」「話しやすい人」だろうか。これは「ポジティブ発想」のできる人の特徴である。また、こちらの話したことのポイントをしっかりつかんでくれる人や、こちらの真意をしっかりと見抜いてくれる人とは、接していてストレスがない。これは「本質探求力」となるだろう。

だが、もう一つ付け加えたい。非常に「高い視点」を持っている人、とでも言えばいいのだろうか。つねに未来を見据え、明確な理念・信念を持ち、その軸をぶらすことがない。そしてその目的に命がけでコミットする人。

これこそが、「使命感」である。ひるまない・動じない・迷わない。己の生き様への自信を持つ人には、自然と人はついてくる。「こいつは、絶対に逃げない！」というほどの当事者意識を感じさせたとき、相手からの信頼を得ることができる。コンサルタントは、所詮は部外者。だが、このような使命感丸出しで仕事をすることで、人を引っ張ることができるのだ。「逃げ」の姿勢は見破られる。

●人生最後に、あなたが言われたい言葉とは？

だが、使命感というものは、ある程度はどうしても、生まれついてのものだ、と思っている人も多いと思う。確かに、その部分は小さくない。でも、それを強めるためのいくつかのポイントはある。

例えば、思いは書くことで強固なものとなる。自分の信条を書いて、それを明確化するだけでも、使命感はぐっと強まる。

といっても、いきなり「自分の信条」なんて言われても、どうしていいのか……と思う人の方が多いかもしれない。

これにはちょっとしたコツがある。いろいろなところで似たような研修をやっているところがあるようだが、「自分の葬式のときに家族が何を言ってほしいかを考えてみろ」ということだ。奥さんが・旦那さんが何を言うか、あるいは言ってほしいか。子ども・孫が何を言うか、または、元同僚とか、友人が何を言うか……それを想像してみるのである。

これはいわば、人生最後の究極の目標である。そしてそのあとに、じゃあ、それらを踏まえて、今のあなたはどういう人間だと問う。つまり、人生の目標に向かって、何ができていないのかということ。そして、それを書く。これこそが、「信条！」というわけだ。

●その信条に「既読感」はあるか？

次ページに、我が信条を載せてみた。死んだときに、お前はどんな経営者だったと、またはどんなコンサルタントだったと言われたいか、がベースとなっている。第1章でも書いたが、やはりコンサルタントは聖職であるというのが、私の考え方だ。清く正しく生きる、というような、そういう世界の聖職とはちょっと違う。職業として、相手に尽くす、相手のことをおもんぱかる、相手に対するコミットメントをしっかりするということ。これを、この信条で表しているつもりだ。

我が信条

人は、「ひとつの人格」を残して、死する。
誰でも、「生」を受けた時から
その人自身の人格の旅は、始まっている。
私は、この精霊から預かった私の人格の旅を
いつも考え、いつも「主体性」を抱いて
「高き志」の中で
「自分のために」「人のために」そして
「人々のために」行動している。
それは、死する際の預かった私の人格を
いかに自分の力で高めることに成功したかで
自分の役目を果たせたかどうかを
確認するためである。

人格を高めるための3つの私のライフコード

① 多くの人の主体性を挽き出す

② 内面的なカッコ良さを探究し続ける

③ 毎日がイノベーションの連続

経営者の場合、信条はその会社の経営理念にもなりうる。有名どころでは、ジョンソン・エンド・ジョンソンの「我が信条」だろうか。五十年以上前に書かれたこの信条は、ジョンソン・エンド・ジョンソンの経営に今も息づいている。

いい信条を書くために、コツが一つある。書いたあと、読んだときに既読感がある、ということだ。いつもどこかで思っていることだからこそ、書いてみると既読感がある。そうでないものは、自分の心を偽っていたり、きれいごとだけを並べてしまっている可能性がある。

思いを、自分の中だけで溜め込んでしまってはどうしようもない。例えば、感動すると言われるような映画を観たり、本を読んだりしたら、片っ端から周りにその感動を伝えよう。それが使命感を高める訓練にもなる。とにかく書く！　あるいはしゃべる！　最近はやりのブログやSNS（ソーシャル・ネットワーキング・サービス）も有効だ（私もやっている）。

◇本質探求力——つねに本質を探すクセをつけよう

●「理由を三つ！」で本質探求脳を鍛えよう

「自分パワーアップ力」の中でも、どれが特に大事かと言われれば、この「本質探求力」。先ほども言ったように、時間があれば済む話じゃなくて、瞬間に「本質」を見つけ出す、そういうような力が必要だ。

もっともこれは、いきなりできるものではない。急ぐ必要はないだろう。

この「本質探求力」については前の章でも説明した通りだ。最初の段階で本質をひたすらに、考え続ける。そして、いきなり言い切ってしまう。あるいは、人の話を聞いて、情報を集め、その本質を一瞬で見抜く。これが、できるコンサルタントの特徴、そして、できるビジネスパーソンの特徴だ。松下電器創業者・松下幸之助は、「それは、つまりこういうことやろ」あるいは「なんでや？」とよく聞いてきたという。

大事なのは、とにかくひたすらに考え続けることだ。トヨタには、上司が不在の際に前回と同じやり方で危機を切り抜けた部下に対して、「バカモン！　なんで、前回のトラブル対応を踏襲した！　アタマを使ってそれ以上の策を考えろ」と言われたというエピソードがあるという。前回のトラブルのクリアレベルでは、満足されないのだ。いつもいつもカイゼン、いつもいつも進化していなくては許されないのだ。

私の会社でも、私を含め社員はつねに考えることを強いられる。例えば、軽い気持ちで言ったことに対して、「なぜ？　理由を三つ言って？」などと言われるから、うかうかテキトーなことを言えない。だが、そこかしこでそう問い詰められると、発言をする前に自然と「なぜ、自分はこの考えに至ったのか」と本質を考えるようになる。

●自問自答で本質にたどり着け

本質を探り出すには、コンサルタントの使ういくつかのツールも有効だ。例えば、前にも説明したロジックツリー。いくつかの条件を書き出して、整理するのには便利だ。

だが、本質探求は本来、頭のクセともいうべきものだ。先ほどの「三つ理由を！」「で、つまり、それは何？」みたいに、常日頃から鍛えていれば、ツールなど使わなくても本質がふっと浮かび上がってくる。そしてそれが本質だということに疑いが入らない。そもそも、いちいち紙を取り出さなきゃ本質にたどり着けないようでは、現場で使えない人、の烙印を押される。

本質を探究する際、いくつかの自問自答のやり方を書いておこう。

「それはなぜ？」

「で、つまり、何？」

「一言でいうと？」

「それが本質？」

「自分は本当はどう考えるのか？」

「それは本当に自分らしい意見か？　受け売りじゃないか？」

最後の問いかけは、特に大事だ。できるコンサルタントの意見には「自分の色が出る」。それが本当に自分のオリジナルの考えなのかを問うことは重要。人は、他人の意見にいつの間にか影響されていたりする。

●本質探求力を鍛える！　大人のトレーニング

では、その能力をどうやって伸ばしていくか、我々が実際に使っているトレーニング法を紹介しよう。

［アドリブスピーチ］

「○○」という題をまず設定する。そして、それについて深く考えるまもなく、瞬時にそのテーマに対する主旨を決め、言葉を発してしまう。あとは話しながら考えるのだ。

テーマを「米国一極集中」としたら、とりあえず瞬時に「米国一極集中は世界経済を崩壊させる」などと主旨を決めてしまい（瞬時に考えるので、思いつきでいい）、「なぜなら……」と、あとからその理由を考えていく。なかなかスリリングなトレーニングである。

［ジモンジトウスピーチ］

「○○を好きか、嫌いか」（賛成反対）をいろいろなテーマについて自問自答していく。そして、その理由を挙げていく。深く考える癖が付くことはもちろん、自分の価値観・意思・志向性も見えてくる。

［カケコトバメッセージ］

俳句、川柳、掛け言葉など、言葉の組み合わせで遊ぶ。幼稚だと思うなかれ、脳が猛スピードで回転することが自覚できるだろう。別に上手、下手はどうでもいい。質より量、量よりスピードだ。

［マンザイライブ］
二人組の漫才コンビをその場で決めて、その場でお題を投げて、その場でアドリブでマンザイを演じる。これもなかなか大変だ。本質探求かどうかは、若干疑問はあるが、瞬間でエッセンスを考える癖は身につく。

これらすべてのトレーニングに言えることは「自分ならでは」の考え方にたどり着くためのトレーニングだということだ。考える力だけでなく、語彙を豊かにすることにもつながるだろう。三人以上でやるとより効果的だ。

◇ポジティブ発想——ただの楽天家とは違うので注意

●明るいほうが、いいに決まっている

次に、ポジティブ発想。これは当たり前のことでもある。やっぱりポジティブな人が相手のほうが、誰にとってもやりやすい。ネガティブでも飯を食っていけるのは、昭和初期の文豪くらいなもの。しかも陰のあるイケメンといい女限定だ。

そもそも、コンサルタントがコンサルティングを頼まれる際は、何か問題が起こっていて、なかなか答えを見いだせずにもがいているときと、自分の中に答えはあるのだが、その進んでいる道が正しいのかどうか、確信が持てないときに背中を押してもらいたい、という二つに分かれる。

どちらの場合でも、コンサルタントは答えを提示するというより、「良き相談相手」になるというニュアンスが強い。つまり、相手は自分の答えに自信を持ちたいのだ。

コンサルタントのポジティブさ・明るさは、そんなときに最大限威力を発揮する。何に対しても懐疑的で、言うことすべてに反論してくるような人に誰が相談をしたがるか？暗く沈んだ表情をした人に背中を押されて、誰が元気になれるか？

ポジティブさを得るには、好奇心がなくてはならないし、遊び心も必要だ。でも、自分だけハッピーでも、単におめでたいだけの人。自分だけでなく場全体をポジティブに持っていかなくてはならない。ポジティブさで場を巻き込まなければならない。

あと、意外と必要なのが、「真摯《しんし》さ」。真摯さとポジティブ発想というのは、まったくつながらないように思えるだろう。だが、最近あることで、つくづくそれを実感した。

私はつい最近、初期の大腸がんになったのだが、病気になると、私は自分が「生かされている」ということを非常に意識するようになった。そしてその上で、自分の病気を真摯に受け入れることにした。するとだんだん「がんに感謝」するという気持ちすらわいてきたのだ。

これは実は、コンサルタントの仕事と似ている。

コンサルタントという仕事は、自分の仕事の条件を選べない。与えられた条件、与えられた命題、与えられたミッションの元で、ベストを尽くすことが求められる。いくらひどい条件でも、それに文句を言っていては始まらない。それを真摯に受け止めることで、まずは課題を正面切って受け止めることができる。

これもまた、コンサルタントの仕事に限らないことだ。そもそも、自分の仕事を選べる人はそれほど多くない。まずは真摯に受け止めることができれば、その先に進める。真摯に受け止めるための勇気も必要だろう。ちょっと哲学めいた話になるが、そう思う。

ちなみに私の大腸がんだが、幸い、手術は成功し、再発の確率は低いということになった。いや再発しないように、身体革命を実践中だ。肉を一切摂取していない。野菜を中心に、できるだけ有機野菜、無農薬、玄米かそれに近いものでの食事に転換している。にんじんジュースを飲み、トマトジュースを飲む。鹿児島の垂水温泉の「温泉水」を飲み、油ものは、一切、口にしていない。「生きる責任」を強く感じたからだ。お酒は、これまでの半分以下にしている。運動をし、畑をつくり、自分で野菜を作り始めた。

●小さな成功体験がポジティブさをもたらす

先ほど言ったように、ポジティブかどうかは先天的な面も多い。だが、意識してトレーニングはできる。

例えば、小さな課題を自分に与えていく。「必ず挨拶」「一日に三人の人をほめる」「日経新聞を毎朝読む」「コーヒー一杯分を我慢して寄付する」……。そして、自分の進化・継続を確認するため、手帳かノートにメモして記録する。まずは自信を持ってみることから、ポジティブ発想は生まれる。

次に、これまでの失敗シーンの成功イメージトレーニング。失敗したシーンを思い返して、では、どうしたら成功したのか、を徹底的に頭の中でシミュレーションする。まるで自分がそう実行して成功したかのように可視化する。そして一人芝居する。次回のチャンスには、必ずそれを実行トライする。

迷ったときには、「どっちを選んだほうが自分をもっと好きになるか。もっと頼りに思えるか」を基準に選択する。自分を頼りにできればできるほど、ポジティブ思考は自然と高まっていくのだ。

さて、以上の「自分パワーアップ力の三つの要素」を、私は「高さ・深さ・明るさ」と表現する。「高さ」＝使命感、「深さ」＝本質探求力、「明るさ」＝ポジティブ発想の三拍子そろった人こそ、誰もが信頼し、ついていきたいと思うような人なのである。

3-2

「組織シナジー力」がチームの雰囲気を一変させる

●組織を変えた「ある瞬間」とは？

「人間力」の中では「自分パワーアップ力」の方が大事だといっても、組織にシナジーを与えられなければ、それは単なる「自分、自分！」の独りよがりである。そういった人は一見組織を引っ張っているようで、実は誰もついてきていなかったりする。

ちょっと実績を上げていて、なまじ自分に自信がある人の方がこのワナにはまりやすい。この章の冒頭で紹介した、個人としては優秀だが、時代の流れをまったく理解できないトップなどはその典型的な例だ。

だいぶ以前の話になるが、私がコンサルティングに入った製造業のA社。開発主導型のメーカーなのだが、ヒット作をコンスタントに出すことができず、売上げ一五〇億レベルで伸び悩んでいた。この一五〇億というのは、企業のライフサイクルの中でも、どうも大きな壁になっているようで、このレベルの企業からの依頼をよくいただく。

問題点は、わりと容易に発見することができた。

まず、評論家体質が染み付いてしまっており、当事者意識も能力も不足している。さらには「井の中の蛙」「甘え」といった意識や構造が見られ、習慣重視の官僚主義がはびこっていた。戦略的なロードマップも、市場にいる営業やマーケティング部と開発部が議論してつくっている感じではなく、技術部門が勝手にロードマップをこれまでの延長というレベルで描いているだけであった。

そこで、ビジョンの明確化や体制変化を目指した「企業改革プログラム」が組まれたのだが、最初の一年間は目立った成果は出なかった。

その「変革」が訪れたのは、一年経った時点で行われた役員合宿の席だった。

ここではタブーを恐れず、役員たちの間で激しい議論の応酬が起きた。当然、初めは自分自身が自分の立場を擁護するのみだったが、議論はだんだんと、会社の未来の方へ向かっていった。技術主導型の企業にもかかわらず、技術が伸び悩んでいること。市場から発想するという意識が少なかった、市場を起点として組織内のエネルギーが統合化していないことなど、多くの問題が共有化された。

そしてその後、ある会議の席で「その瞬間」が訪れた。

会長、社長、専務のトップ三人が会議の場で「今の固定化された企業体質をつくった自分たちは、いつも慙愧《ざんき》に堪えない思いでいる」「自分たちも発想・思考を変える。もっと市場に出て行く」と自己反省したのだ。当初は何のことを言っているのかわからなかった他の社員たちだったが、次第に自分たちもその体制を打破しなければならないことに気づき、会社は一気に変わり始めたのだ。

このように、あるきっかけで組織は一気に変化する。そのようなシナジーをもたらす力を、ぜひ手に入れてほしい。

「組織シナジー力」は「誠実さ」「幽体離脱」「モチベーション向上力」の三つに分かれる。以下、順々に説明していこう。

◇誠実さ――できる人ほど「謙虚」で「感謝」を忘れない

●本当の自信と、本当の謙虚さ

さて、三つに分かれる「組織シナジー力」の中でも、「誠実さ」というのは絶対条件だ。この誠実さをもたらすものは、謙虚さ、感謝、責任感、正義感などである。

例えば「謙虚さ」。私も今まで多くの優れたトップにお会いする機会があったのだが、その企業が優秀であればあるほど、トップの方は謙虚であった。「実るほど、頭《こうべ》をたれる稲穂かな」などという言葉があるが、地位が上がれば上がるほど、自分の力を過信しやすい中、これは非常に貴重な人間力である。

ただ、私は個人的には「若いうちは失礼なくらい自信に満ち溢れるのもＯＫ」と考えている。もちろん、自信のなさそうな人には誰もついてこないということもあるが、「らしく」振る舞ううちに、本物の自信がついてくる、ということもある。

勘違いしてほしくないことは、

「俺は政治家の○○を知っている」

「俺は○○大学の出身だ」

「俺は○○の資格を持っている」

などというのは、決して自信に満ち溢れた態度とは違う、ということだ。周りの人も、そういった人に胡散臭さ以外の何も感じない。

そうして、自分の自信が相応になったとき、人は自然と謙虚な方向に向かっていく、そう思う。

●「ありがとう」が組織を変えるとき

私が最近痛感するのは、「感謝」だ。先ほど私は自分が「がんになったことを感謝」したと言ったが、その考えをする要因の一つとなった本がある。五日市剛さんというあるサラリーマンの実話で『ツキを呼ぶ魔法の言葉』という本だ。私は歯医者の待合室で見つけた。

著者の非常に苦労した実話が載っているのだが、人生を好転させたのはたった二言「ありがとう」という言葉と「感謝します」。この二つを言うと、物事はいい方向にいつも進んでいく、ということが書かれている。ありがちな内容だと思われそうだが、これが結構ゾクゾクッとくる。

実際、コンサルティングをしている現場において、「ありがとう」の一言で、何かが動き始めることは多い。感謝とか、ありがとうという言葉は、ビジネスの世界には合わない感じがするかもしれない。でも、相手を包み込むことができないと、本当に人を巻き込むことはできない。それがこの「ありがとう」の一言に凝縮される。

ものづくりの業界は、ときに非常に厳しい。上司や先輩から面と向かってバカだアホだと罵倒されたりするのは日常茶飯事。だが、その根底には「感謝」があることが多い。だからなのか、定年の最後のお祝いのときに涙を流す人の数、これは製造業のほうが圧倒的に多い。銀行の人よりも公務員よりも製造業の人たちのほうが、涙を流す回数は多い（客観的データはないが……）。

感謝のある現場というのは、組織シナジー力を持たせるのが非常にうまい。相手のポテンシャルを上げようとか、自分を振り返ったりとか、そういう発想ができる人が比較的多いようなのだ。逆に、だから厳しいことを言う。

感謝や謙虚さというものは、すぐに結果が出てくるものではないかもしれない。それでも、相手が変わってくれるのをあせらずじっと待つ。馬が合わない人がいたとして、相手だけでなく自分にも問題がないかどうか考えてみる。そういう誠実さが欲しい。

◇幽体離脱――複数の意識を使い分ける

●天井から議論を眺めてみると……?

臨死体験をしたことのある人は皆、自分が「死んだ」瞬間に自分の意識体が肉体を離れて、部屋の天井辺りから自分の肉体が横たわっているのを見下ろすという体験をしているという。ときには、生きていてもそんな体験をする人もいるらしい。

私は残念ながら(?)そういった体験はしたことがないが、コンサルティングの場ではいつも、こうした感覚を持とうと意識している。

相手と話しているときは、どうしても相手の気持ちに同調しがちだ。また、自分の考えを伝えるときは、どうしても自分のことで頭が一杯になる。だが、それらを一度手放して、より大きな視点、つまり天井から見下ろすような視点で物事を眺めてみるのだ。

私自身がよく言われたりするのだが、さっきまでクライアントの言うことに強く同調しているように見えたのに、急に相反するような厳しいことを言い出して、まるで突き放されたように感じる、ということがあるらしい。

これはおそらく私の中に、直接の相手であるクライアントと、その会社の別の人間、そしてまったくの第三者の意識が共存しているからである。

とはいえ、何に対しても懐疑的になれ、ということではない。あくまでクライアントの立場も考えつつ、バランスを失わない。前に書いた「自分軸」と「相手軸」を持ち、なおかつそれをさらに上から眺めているというイメージだろうか？

コンサルティングシーンで特に多いのが「うちは特別なんだ」という思い込み。会議や面接でこの言葉が出たら要注意だ。相手は、自分のことしか見えなくなってしまっている。コンサルタントはその特殊事情とやらに理解を示しつつも、一方で、もっと上の立場からその思い込みを解かなくてはならない。「幽体離脱」は意外と難しいのだ。

例えばメーカーにおいて……製造は営業が売ってくれない、営業は製造がロクな商品をつくらない、といった水掛け論が多い。自分が一方の当事者の場合、こうなってくると冷静に議論をするのは難しい。でも、そういったときこそ「幽体離脱」。

「そもそも、本当に大事なのはお客さんのはず。売れる売れないの話はちょっと置いておいて、それについて議論をしてみるべきじゃないだろうか？」

そう言えるようなら、合格だ。誰が問題か、から、何が問題か、という視点に持っていくことが、「幽体離脱」の目的なのだ。

●幽体離脱力を高めるトレーニング

このように「幽体離脱」するにはどうしたらいいのだろうか？　一つは、単純な話であるが、「相手の気持ちを考える訓練をする」ということ。「もし○○さんだったら」と、自分の尊敬する人や上司、友人などの気持ちになって考えてみるのだ。会議や打ち合わせは、この「幽体離脱」をトレーニングする格好の場となる。

アメリカのＮＦＬ選手が身に着けていたことから、一時期はやったリストバンドや携帯ストラップがあるのだが、そこには「Ｗ・Ｗ・Ｊ・Ｄ」と書いてあるという。これは、「What would Jesus Do?」（イエス・キリストならどうしただろう？）ということ。まあこうなると天井から眺めるどころの騒ぎではないが（天から眺めることになる）、確かにこれも「幽体離脱」の一種だろう。

あるいは座禅、落語の無理問答（聞かれたこととまったくかみ合わない返事をする）なども意外といい訓練となる。

◇モチベーション向上力――テクニックの使い方には注意

●現場のモチベーションがやたらと低い！　さてどうする？

モチベーションの向上については、さまざまな人がさまざまなことを語っているし、多くの手法も開発されている。それらの手法を使うことで、一定の効果が上がることはあるだろう。

だが、このとき「働かせるためのモチベーション向上」じゃないところがポイント。人間力を高めたくなるモチベーションを高め、結果、後のほうになって成果につながる、そういう感覚が強い。コンサルタントはあくまで「触媒」であるということを忘れてはいけない。

さて、私がコンサルティング現場に行くと、チームのモチベーションが極端に低かったとする。そういったときどうするか。大きく二つの場合がある。「段階的にステップを踏んでいく」と「いきなりケンカする」である。

そもそも、モチベーションを高めるのに王道はない。だが、モチベーションを向上させるシナリオをデザインする、ということは必要だし、効果的でもある。モチベーション向上のノウハウを学んでいるのに、それをなかなか活かせない会社は多いのだが、シナリオを書いていないことが多い。ただ単にノウハウを適応するのではなく、最初に、簡単でもいいからシナリオを描いて、議論の基盤をつくっていくという方法がいい。つまり、段階的にステップを踏んでいかなければならないのだ。

このシナリオだが、大きく分けて「気づき」「ビジョン化」「行動化」というステップを踏む。

まず、「気づく」ことなくして、組織が動くことはありえない。いくらコンサルタントに問題を指摘されたところで、それで個人が「気づいた」ということはできない。「なるほど、問題はわかった。でもねぇ……」と続く。固定観念というものは強固でやっかいだ。だが、これを打破しないことには、個人のモチベーションは上がらず、したがって組織全体のモチベーションも上がらない。

次に、その気づきを基に目指すべき方向を明確にする、「ビジョン化」が必要となる。それができて初めて、「行動」まで結びつくのである。

また、個人にはびこる固定観念を打破するには、組織自体が「気づける風土」にならないことには始まらない。ここでは前章で挙げた「場づくり力」が発揮される。

そしてその大前提は、自分のモチベーションだ。まずは、自分のモチベーションを高めることから始めよう。その第一歩は、「自分は何のために働いているのか」「自分は家族にとって何なのか」「自分は何を大切にして生きているのか」ということを、改めて考えてみることである。前に述べた「我が信条」を思い出せばいいのだ。

●私だったら、いきなりケンカする

それに対して、もう一つの方法が「いきなりケンカをする」ということだ。ケンカというと語弊があるかもしれない。つまり、激論を交わす。実は、私が取るのはこっちの方法のほうが多いかもしれない。

「そもそもあんたらの問題だろう！」

「最初からネガティブに考えていては、何も始まらんだろう！」

といきなり連呼してしまうのだ。もう、とにかく痛いところを突きまくる。向こうももちろん、反論してくる。そこでお互い、徹底的にボロクソに言い合う。もちろん、雰囲気も険悪になってくるだろう。

そこでどうするか？　特別な答えはない。あとは、飲み会にでも行く。そして、ちょっとずつちょっとずつ、相手の懐に入っていく。確かに〝青春スポコンドラマ〟みたいではあるし、はっきり言って、うまくいかないこともあるが、これほど早い方法はない。

論理だけでは人は動かない。ときには、論理を超えた感情のぶつかり、感情の共有をする方法がいいのだ。契約がなくなる、契約が途中で破棄されるなどと思ってしまっては、なかなかこれらの喧嘩はできない。だが、通りいっぺんのコンサルティングをやっても時間の無駄だ。〝いつも後がない！　毎日がイノベーション！　日々新た！　の精神〟で生きていくことを大切にすべきだ。

第４章

「思考力」は
コンサルタントの
武器倉庫

Chapter 4

4-1

あの有名な「論理的思考」の本質って？

●ニーズをシーズでウォンツに！

私が好んで使う言葉がある。「ニーズをシーズでウォンツに！」。この一言が、思考力の二大要素、「論理的思考」と「コンセプト思考」をばっちり言い表している。

いまどき「顧客のニーズを捉えて商品開発を」なんてことを大真面目に言っているトップは少ないだろう。音楽が着信する携帯やら、体脂肪率を減らす緑茶やら、「おかえりなさいませご主人様」と言ってメイド服のウェイトレスが迎えてくれる喫茶店などを「つくってくれ」と、顧客が企業に要望したことなど一度もない。

ニーズ＝顕在化している要求

で、これからの企業間競争に勝てると思っているトップがいたら、とっとと引退していただいたほうがいいだろう。

これからは、ニーズを把握（シーズ）した上で、ウォンツ＝潜在化している欲求を探り出し、こちらから新しいコンセプトを提示する。つまり「仕掛け」て、市場に打って出る必要があるのだ。

ただ、勘違いしてほしくないのは、仕掛けるだけで仕組みがないことではまずいということだ。ニーズを聞きまくる仕組みをつくる、ということももちろん、重要なことなのだ。第2章でも述べたが、現場力のある企業は「仕組む力」と「仕掛ける力」を両方併せ持ち、それを循環させ、より高い次元へと到達する。

この「仕組む力」「仕掛ける力」をもたらすものが、これから説明する「論理的思考」と「コンセプト思考」である。

●論理的思考の上に、コンセプト思考が覆いかぶさる

論理的思考というのは、フレームワーク思考と、特にロジックツリーのことだと考えていい。この二つで論理的思考の八〇％。他にも仮説思考とか、オプション思考とかいろいろあるが、本質はやっぱり、この二つだ。

だがこの二つ、簡単に言ってしまうと「整理能力」「分析能力」にしかすぎない。課題解決というのは整理能力から始まる。整理した中から出てきたものを分析し、問題点・課題点を探し出す、ここからすべてはスタートだ。

そして次に、課題解決をどうするか、戦略をどうするかというときに、コンセプト思考が必要となってくる。

だからこの二つは対立する概念というよりも、コンセプト思考が論理的思考の上にあるわけだ。ピラミッドにすれば、下のほうに論理的思考のベースがあって、その上にコンセプト思考があるというふうに考えたほうがいいだろう。

右脳と左脳のバランスがうまく取れているとき、右脳が左脳をバーッと飲み込んでいる感じがするのだが、これはまさに論理的思考をコンセプト思考が飲み込んでいる感じなのだ。

ではまず、その土台となる「論理的思考」について説明していこう。

●論理的思考は使うシチュエーションに注意？

「ねぇ、A子ったらひどいのよ。資料の整理とかコピー取りとかは絶対やらないくせに、部長にコビ売っているから全然注意されないし、しかも、開発の仕事とかちょっとカッコよさそうなことにはすぐ首を突っ込んで、だいたいそれを許す開発課のＢ課長もＢ課長なんだけど、そもそもあの人、子どもを幼稚園に連れて行くとかでしょっちゅう遅刻したり早退したりするけど、奥さんは専業主婦なんだからどうしてあの人がやらなきゃいけないのかしら。それを許す人事も人事でしょ。そもそもあんな無能な人を課長にするくらいだから何にも見えていないとしか思えないし……」

「君の話はＡ子の問題とＢ課長の問題と会社の人事制度への批判と三つの点があるが、一番言いたいことは一体どれなんだ。仮にＡ子の件だとすると、彼女が雑務をやらないこと、上司にコビを売ること、そして他部署の仕事に口を出すという三つの問題があるわけだが……」

まあ、これが論理的思考である。だが、気をつけよう。こんなことを言ったあなたは確実に彼女に嫌われる。家庭やプライベートで論理的思考は必ずしも必要ない。いや時に、有害にすらなる。

日本人は論理的思考が苦手だと言われる。その理由として、比較的均質な社会である日本においては、職場においても和を尊ぶ、相手の心の中をおもんぱかるといった、家庭的な価値観が重視されていた、ということがあるだろう。これはこれで、非常に大切な日本の美点である。

だが現代は、グローバル、スピード、価値創造の時代である。好むと好まざるにかかわらず、論理的思考をその根幹に持つアングロサクソンたちと戦わねばならない。そういった意味では、論理的思考はいわばグローバルシンキングと言っていい。もはやどんな業界でも、国内的な価値観だけで生き残れる時代ではないのだ。外資が次々と日本市場に参入し、日本企業も次々海外に進出し、また、そこかしこに外国製品だか、日本製品だかわからない商品が溢れている時代なのである。

●論理的思考とは「わかりやすく!」の一言

この論理的思考だが、一言で言ってしまうととても簡単だ。つまり、「わかりやすく!」することである。

結論や論理を明確にし、根拠を明示する。何をすべきか、何ができるかを明確にする……といった論理的思考のさまざまなお約束は、すべてこの「わかりやすく!」に集約される。

ただし、間違えてほしくないことがある。論理的思考の目指すものは、データなどの論拠を駆使して、相手を「説得」することだけではないということだ。あくまで「納得」してもらうこと。相手の立場に立って、相手の言葉で語りかける必要がある。説得力と納得力の違いというのは大きい。

さて、この論理的思考だが、大きく「仮説思考」「フレームワーク思考」「オプション思考」の三つに考えていくといいだろう。

一つ一つ説明していくことにしよう。

◇仮説思考——仮説がなければ、永遠に答えにはたどり着かない

●ボーッとしていないで、仮説、仮説、仮説！

論理的思考をもたらすための第一歩となるのが「仮説思考」である。

現場力のあるコンサルタントはつねに、「ああじゃないか、こうじゃないか」と考える。とことん仮説を出す。現場を見ていて、ボーッとしていることはない。

例えば、ある製品組立工場。入り口から入って右の一角だけ、荷物が多くて歩きにくかったとする。

「なんだかここはモノが多くて歩きにくいなぁ」

では、ダメ。

「なんだかここはモノが多いなぁ。つまりラインの配置が妙に交錯しているため、ここに道具がたまってしまうのではないだろうか？　ということはラインの配置をシンプルなラインに見直してみる必要があるな」

「この箇所はそもそもスペースの意味が曖昧なために、あらゆる場所から置き場に困った道具が持ち込まれているのかもしれない。ということはこのスペースがどういった意味があるのかを明確にすることが解決策の本質かもしれないな」

など、さまざまな仮説を出してみる。先ほど紹介した「本質探求力」が重要だ。仮説を出せなければ、永遠に答えにはたどり着かない。

●山のような仮説の中から、社長が選び出した答えとは？

以前お手伝いした、ある企業。コンビニと量販店の二業態を持つ地方の小売店だった。

そこの三代目社長は、先代、先々代の経営者のようなカリスマを持っていないことを自覚しており、なんとか自社を成長させる新しい戦略を模索していた。

最初に結論から言ってしまうと、この企業は最終的にＦＳＰ（顧客囲い込みのための仕組み）の導入を決断した。三億円というから、かなりの大型投資だ。

だが、ここに至るまでは仮説の山だった。

最初に立てた仮説が、

「なぜ、自社は老舗になりえたのか？」

であった。そして続いて、

「老舗の自社を支える人材は一体誰なのか？」

「お客様にさらに愛される企業になるにはどうあるべきか？」

「自社の現在の最大の強みは？」

「自社のこれからの最大の強みは？」

「自社にできてイトーヨーカドーのような巨大グループにできないことは？」

「つねに利益をもたらすためにはどうしたらいいのか？」

こういった仮説を次々と立案し、検証していったのだ。

その結果社長は、自社の強みでもあり、利益をもたらしてくれるのが、常連の顧客であることに気づいた。チラシなどで集める顧客は、コストの割には利益に貢献していなかったのだ。しかし、その常連をつなぎとめているものは、先代、先々代の社長のカリスマ性であるところが大きかった。

そこでFSPを導入することで顧客情報を管理し、経験に頼らず優良顧客に対応できるシステムを構築、さらにその顧客にはバースデープレゼントを贈るなどの施策も組み入れた。逆に、利益を生み出していなかったチラシは見直しを図ることになった。

これら仮説を立て、検証するという作業をしたことにより、この投資に当初は反対していた役員も最後は賛成に回った。どういった考えでこの結論に至ったかが、一目瞭然だからである。

ツールを使って自分の考えをまとめるにせよ、インタビューをして広く情報を集めるにせよ、できるコンサルタントは多くの「仮説」を持ってそれに望む。だからポイントを見つけるのが速い。

●ベストプラクティスは「パクリ」じゃない！

だが、いきなり仮説と言ったって……と言う人も多いかもしれない。「問題がわからないのが問題！」などということは、よくある。一つ、ポイントを挙げてみよう。

それは、「ベストプラクティス」の分析である。目標とする、あるいは参考となる事例を探し、それを分析し、自社と比較していく、ということだ。

「それって、パクり？」と言われるのは、正しくない。あくまで「いいとこ取り！」である。「いいとこ取り」をするためには、その成功事例を徹底的に分析し、その本質を理解しなくてはならない。

先ほどの社長。彼は、ベストプラクティスとしてセブン－イレブンを徹底的に研究した。セブン－イレブン・ジャパンは、一九七〇年代後半からＩＴを真っ先に導入し、生き筋・死に筋を徹底的に分析し、それを在庫減らしと売上げアップにつなげていた。また、アルバイトでも戦略的に発注できる携帯端末をかなり前から開発していた。このように、効率化と高度化を同時に満たしていたのが、当時のセブン－イレブン・ジャパンという会社であり、セブン＆アイ・ホールディングスと社名を変えた今も、業界の最先端を突っ走っている。

社長はそのセブン－イレブンのＩＴ化の動きをつねにウォッチし、破格の予算で自社の

ＩＴ化を図った。だが、それは単なる「パクり」ではない。その証拠に、彼がＩＴを使って目指したのは、セブン‐イレブンのような「効率化」ではなく、むしろ優良顧客との関係強化という方向だったのだから。

顧客情報を活かすという本質を見抜いた上で、それを自社の強みに活かす、これこそが正しいベストプラクティスの活かし方である。だから、現場力のあるコンサルタントは実に多くの企業の事例を知っている。それだけでなく、それを分析し、その強みの本質を探ろうとする。

新聞や雑誌を読んでいて、「へえ、トヨタってすごいなぁ」と思うだけでなく、「トヨタのその施策のどこがすごいのか、そしてそれはどう応用できるのか」まで考えるクセを付けておこう。

また、仮説を構築するには、以下で説明する「フレームワーク思考」「オプション思考」なども重要となる。冒頭で、「仮説思考が論理的思考のスタート」と言ったが、より正確にはこの三つは並列であると言ったほうがいいだろう。

◇フレームワーク思考――本当に現場で使うのはたった二つだけ

●なんだかやたらとツールがありますが……

簡単に言ってしまえば、考えるときのプラットフォームが、このフレームワークである。カテゴリー、範囲、切り口などを、ヌケやモレ、ダブりがないようしっかりと見極めるために存在する。

このフレームワークだが、いくつかの、いや、いくつものフレームが存在している。

代表的なところだと、

・ＳＷＯＴ分析
・３Ｃ分析
・４Ｐ分析
・５Ｆ分析
・ポジショニング分析
・ＰＰＭ分析

・ビジネスシステム分析
・戦略オプション
・ＡＩＤＭＡ分析
・ＲＦＭ分析
・ＷＨＡＴツリー
・ＷＨＹツリー
・ＨＯＷツリー
・課題ツリー

といったところだろうか？

やたらといっぱいあって大変そうだが、実はそんなに大変なことはない。これらはたった二つに分けられるからだ。

「ロジックツリー」と「マトリックス」だ。

すべてのフレームワークは、この二つに分けられると言っていい。

ツールに関しては、最近もいろいろ増えているらしく、「ＡＩＤＭＡからＡＩＳＡＳ分析」やら「５フォースから７フォース」やら、「３Ｃじゃなくて４Ｃ」「いや５Ｃだ」など枚挙に暇《いとま》がないが、すべてこれでバッサリと片付けることができる。

●「ロジックツリー」は上から、下からの二つの種類で

「ロジックツリー」は、先ほども説明した。繰り返しになるが、簡単に説明しよう。

木の幹から枝が生えるように、どんどん細分化していったものがツリーである。木の幹にあたる部分に大きな課題をおき、そこから枝をどんどん派生していって、最終的に具体的な論につなげていく。

例えば、「利益が下がっている」という大きな問題があったとする。その原因として次の枝には「売上げが下がっている」「原価が上がっている」「販売管理費が上がっている」といったものがくるだろう。そして「売上げが下がっている」という枝に対しては「顧客が減っている」「商品単価が下がっている」「競合が増大している」などが入るだろうか。

このようにどんどんと要因を連ねていくことで、最終的にはさまざまな具体的対策が浮かんでくる。

ちなみに、今のは「ブレイクダウン型」というツリーの上からの種類だ。もう一つ「ボトムアップ型」というものがある。これは、バラバラの課題をとにかく出していって、そ

れを共通項で結んでいき、最終的に一つの結論にまとめるものである。

さて、前に紹介した「蝶ネクタイチャート」を思い出してほしい（68ページ参照）。これはつまり、ボトムアップ型のロジックツリーとブレイクダウン型のロジックツリーを合体させたものであることがわかるだろう。つまり、さまざまな事象から共通項を見いだして収束させ、一つの大きな課題を発見する、そして、今度はそれを拡散して、さまざまな個別対策を見つけ出す。これこそが、コンサルタントの思考の流れの基本となるのだ。

●「マトリックス」は「軸」の取り方が勝負

コンサルタントに必要なもう一つの思考の道具、それが「マトリックス」である。

一言で言うと「相関化」である。課題の各要素を整理し体系化するためのツールがこの「マトリックス」である。「マトリックス」には行列とか、基盤とかいう意味もあるが、ここでは縦軸と横軸の二軸でできた象限（マップ）を意味する。もちろん映画のタイトルでもない（私の参加している某アカペラユニットの名前でもない）。

ＳＷＯＴ分析とかＰＰＭ分析とかポジショニングマップ分析といったものは、その代表的なものである。他にもその手の本をひもとけば、いくらでも新しいものを知ることがで

マトリックスの例

PPM分析

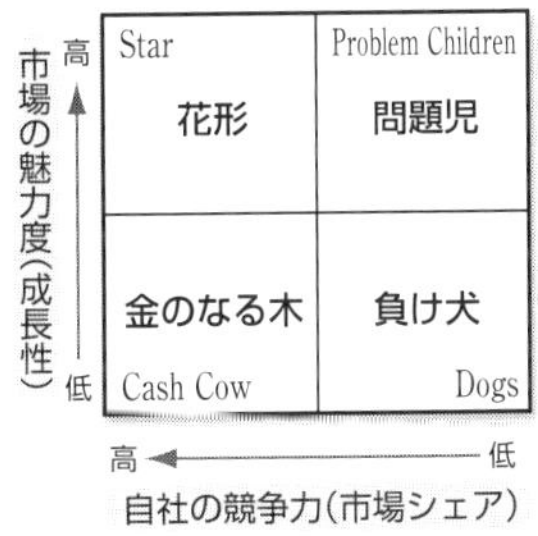

市場におけるポジションを表す4つの象限。
商品、事業の位置づけを分析するのに役立つフレームワーク。

SWOT分析

	機会(O)	脅威(T)
強み(S)		
弱み(W)		

自社の強み(S)、弱み(W)、機会(O)、脅威(T)を明確にして、それぞれをクロスさせ、市場で戦う武器を決める。

きるだろう。

優れたフレームワークの条件は、「軸」の設定である。例えば、PPM分析は「市場成長性」と「相対的市場シェア」の二軸を持つ。SWOT分析なら「強み・弱み」「機会・脅威」だ。これら有名なフレームワークは、さすがに有名なだけあって、非常に優れた軸取りをしている。

だが、これは勉強好きのビジネスマンに多いことだが、こういったフレームワークをそのまま使おうとして満足してしまうことがある。実は現場では使えないことが多いにもかかわらず、だ。あるいは、月並みな答えしか出てこないといったこともあるのに、だ。

第二章で、できる奴は自分で自分のツールをつくる、と書いたが、このマトリックスこそがまさにその典型なのだ。現場力のあるコンサルタントは、この「軸」を設定することに非常に長けている。

優れたコンサルタントは、話している最中に頭の中でこの「マトリックス化」が自然に発動し、いてもたってもいられずに白板やらその辺の紙やらにすぐに書き始めてしまうことが多い。ほとんど病気だ。だが、これは一流のコンサルタントの特徴でもある。三軸で整理することもある。

軸の設定はかなり「想像力」「創造力」の問われる部分でもある。

あえてポイントを挙げるなら、

・軸はできるだけシンプルに、ただし、タテとヨコの要素（関係性）が離れた軸で
・各要素はできるだけたくさん
・優先順位を明確に
・価値連鎖などのシナジーを考慮する

などになるだろうか。

ぜひ、自分だけのツールを手に入れてほしい。

論理思考には本当にいろんなフレームワークやメソッドがある。なにをどこまで知っていればいいのだろうかと迷う人がいる。これについては、とりあえず基本的なことを押さえておけばいい。だけど何より深さがいる、と言っておくことにする。

フレームそのものを覚えたからといって、戦略がつくれた気になっている人もいるが、それでは人が動かない。やはり深さが大事だ。あらゆるフレームワークを覚えてあちこちつまみ食いするくらいなら、これと決めたフレームをつくり上げ、それをひたすら深く掘っていくという思考が大事なのだ。

◇オプション思考――叩かせないための「叩き台」

●何のためのオプション思考？

オプションとは、選択肢のこと。だからオプション思考とは、複数の選択肢をつねに用意する、ということだ。

ただ、このオプション思考、非常に誤解を受けやすい。

多いのが、
・ある一つの案を通すために、当て馬として複数の案を出す
・選択肢の幅は広いほうがいいので、とりあえず思いつくものを出す
どちらも、コンサルタントが現場で使っている「オプション思考」とは、似て非なるものだ。もっとももこのようなテクニックは、小手先のワザとしては意外と使えることもあるのだが……。


では、コンサルタントのオプション思考はどう違うのか。

まずは、何のためのオプション思考なのか、ということだ。

一つの叩き台をもとに議論をすると、どうしても「丸く」なってしまう。それを避けるのがオプション思考の最大の目的だ。異論はあろうが、私は、そう思う。

政府の予算編成がいい例だ。一つの案の叩き台しかないため、

「地方はまだまだ不況、助成金を減らせるわけがない」

「優良企業を支援することが、国際競争力につながる」

「国際情勢がこれほど不安定な中、農業支援をして自給率回復を図るのが急務」

などというせめぎあいで、結局どこもかしこも「痛み分け」のような予算が組まれる。結局、バランスばかり気にして「なんだかなぁ」という予算になってしまう。

●すべてのオプションを、完璧なロジックで！

コンサルタントの叩き台は、決して「叩かせない」。これはコンサルティングで何度も遭遇したケースだが、どうも日本人にはネガティブ思考が強いらしく、一つだけの叩き台は徹底的に否定の嵐にさらされる。尖《とが》った部分を徹底的に叩かれる。

だから、複数のオプションを提示して、それを選ばせる。AとBとCを足して三で割る、みたいなことは絶対にさせない。例えば、政府予算の例で言うなら、

「案一は、地方に予算を重点配分します。国際競争力が落ちる懸念はありますが、これ以上の地域格差は必ず是正します」

「案二は、優良企業への減税を柱にしています。地方の衰退はありえますが、国際競争力の回復なくして将来の日本はありません」

「案三は、日本の農林水産業復活を目指します。あえてグローバリズムから背を向けて、独自の発展を目指すための予算です」

「この中から一つだけ選んでください。どうしてもこの三つにないなら、具体的な代替案を出してください。案四、案五を……」

となる。こうなると当然のことだが、ものすごい議論が沸き起こることが予想されるだろう。そう、この「議論が起こる」ことこそ、優れたオプションの必須条件。議論が起こらず、どれか一つの案に支持が集まるようでは、完璧なオプションとは言えない。どの案もヌケ・モレのない完璧なように見える「べき論」のま～るいロジックの案になってしまう。

このような議論を起こすことこそが、実はコンサルタントの狙いでもある。尖った同士の案による議論、尖った案とま～るい案の議論……その議論自体のフレーム、テイストが重要なのだ。

こうして議論されるのは、何を優先するのかというとそのオプション自体もあるが、実は、そのオプションを選択する「判断基準」である。決して、いちゃもん合戦にはならない。結果、丸くなっていない「尖った案」を生き残らせる可能性が高まるのだ。

しかも、メンバー全員であらゆる角度から案を検討することで、メンバーの納得感がぐっと高まる。これこそまさに「現場で使えるオプション思考」だ。

●オプションを出していくプロセス

さて、具体的にオプションを出していくためのプロセスだが、まずは当然、テーマ設定が重要。今までのステップで、仮説を立て、フレームワークで分析をしてきたわけだが、本当にテーマはそれでいいか。もう一度考え直してみる。目的は？ 背景は？ の原点からの議論も可能になる。

例えば、「撤退すべきか」「撤退すべきでないか」というテーマを設定したとする。だが、もう少し突き詰めて考えてみる。そもそも撤退すべきかというくらいだから、業績は芳しくないのだろう。

だが、ではなぜ今まで撤退しなかったのか？ ひょっとすると、その事業は会社の顔ともいうべき事業で、撤退でブランドが損なわれるかもしれない。あるいは、非常に重要なコア技術があるからかもしれない。すると本当にテーマにすべきなのは、単に撤退するかしないかではなく、今後会社が重視すべきは一体どの事業なのか、ということになってくるかもしれない。

このように、「これが根っこだ」「解決すべきはこの問題だ」というところに突き当たるまで分析を繰り返すことが重要だ。

そうした上でオプションを出すのには、次ページに載せた「オプション・マトリックス」を使うのが効果的だ。縦軸を案の内容の構成要素、横軸を各選択肢としたマトリックスだ。これでヌケやモレが少なくなる。

ちなみに、このオプションだが、少なくとも三つ以上にはなるようにしよう。これは経験的なものなのだが、案が少ないと決まりきったものしか出てこないし、無理やりそこに落ち着けたような印象を抱かせてしまうからだ。

オプション・マトリックスの例

	オプションA	オプションB	オプションC
ターゲット	30～40代女性	20～30代女性	ファミリー層
商品	アメリカからの輸入品中心	アパレル・バッグなどブランド品中心	食料品日用雑貨
価格	ディスカウントショップと同程度の価格	競合他社より20%程度低い価格	クーポンによる割引
運営	直接	アウトソーシング	アウトソーシング
プロモーション	テレビCM雑誌広告	DM・雑誌広告インターネット広告	新聞チラシイベント
戦略タイトル	アメリカ型大規模ショッピングモール	ブランドショップのテナント展開	スーパーとミニ遊園地の複合化

オプション・マトリックスは縦に見て議論する

1枚のマトリックスですべてのオプションが比較できる。

4-2
本当の現場力は「コンセプト思考」で決まる

●尖っているけど、本質から外れていない

巷《ちまた》では「コンサルタント＝論理的思考」と思われていることが多いが、私はむしろ、コンセプト思考こそがコンサルタントの「現場力」を左右すると考えている。

論理的思考は「わかりやすさ！」だと述べた。だが、それは、「わかりやすさ」にすぎないということでもある。

一方のコンセプトとは何か。辞書を引くと、「概念」とあるが、そうではない。コンサルタントが使うときの「コンセプト」とは「本質」のことである。それは「特徴」とも言える。目立つこと、尖ること、特別なこと、みんなと違うこと。

しかも違っただけでなく、それが本質でなくてはならない。安価な衣料品ブランドチェーンが有機野菜を展開したのは確かに尖っていたが、すぐに撤退した。それはおそらくそ

の企業の「本質」ではなかった。ミニカーを実際の乗用車にした玩具メーカーは話題を集めたが、その後業績が急降下した。これもおそらく本質ではなかったのだろう（この企業についてはかつて、ベストプラクティスとして使ったこともあったのだが……このように、本質の追究は難しい）。

●三つのコンセプト思考

コンセプト思考は、どのくらい論理的思考を重視するかによって、シンクタンク系のコンセプト思考と、広告代理店のコンセプト思考と、ビジネスコンサルタントのコンセプト思考の三つに大きく分けられる。これは右脳と左脳のバランスと言い換えてもいいだろう。

まずは、シンクタンク系のコンセプト思考。これはもっとも論理的思考が入ったコンセプト思考である。データや分析を非常に重視しており、整理も行き届いているけれど、あまり「おっ」と思わせるようなコンセプトは出てこない。

一方、広告代理店のコンセプト思考は、イメージ、フィーリング、テイストといったものが重視される。論理的思考は、二の次だ。

シンクタンクのコンセプト思考には、発想の根本に「収益」という柱があることが多いため、そのあたりを重視したいときは貴重な考え方である。また、商品企画をするときには、あまり論理に頼ってもうまくいくとは限らない。コピーライトやデザインなども、広告代理店的なコンセプト思考のほうが、相手に対して伝わるものが生み出されるということは多い。

とはいえ、真のクリエイターは、「インスピレーションがすごい！」とか、「発想がユニーク！」とかだけではなく、実は、根底に地道な調査、しっかりとした論理があって、それを瞬時に「ひらめく」コピーライトで、コンセプト化させることが多いのが、現実である。だが、一般には、論理性よりは、ひらめきやインスピレーションのほうが重視されている傾向にある。

その中間にあるのがコンサルタントのコンセプト思考である。ことビジネスにおいて戦略を立てる際には、この両者のバランスをうまくとる必要がある。

さて、この「コンセプトを立案する」際にも、先ほど説明したツールが役に立つ。

では、その際に必要となる考え方のポイントを、以下、述べていこう。

ゼロベース思考——「男性的思考」から脱却したところに答えがある？

●「ゼロベース思考」って、論理的思考じゃないの？

コンセプト思考の第一は、「ゼロベース思考」だ。簡単に言ってしまえば、ゼロから、白紙から考えることだ。固定観念を捨てること。これまでの常識をかなぐり捨てること。

こう言うと、論理的思考の勉強をした人からは「ゼロベース思考は、論理的思考の一つじゃないのか⁉」と言われるかもしれない。そう思った方、素晴らしい。よく勉強していますす。

確かに、多くの本でそのように書かれているのは事実だ。だけど、考えてみてほしい。

そもそも「ゼロベースになれ」というのは、論理だろうか？

いいや、むしろまったく反対のものだと言ってもいい。あるいは、思考の大前提と言うべきなのではないだろうか。

「ゼロベース思考」に重要なものは何か、というと、第六感とかセンスとか、発見力、発明力とかのキーワードが思い浮かぶ。そう、「ゼロベース思考」は意外とスピリチュアルなものなのだ。自然体になったとき、啓示が向こうからやって来る……こう言うと、なんだか胡散臭く思われてしまいそうなので、感性とかミッションという世界でとどめておこう。

とはいえ、「ゼロベース思考」というものはそんなに簡単なものじゃない。

その理由だが、一番大きいのが、自分の自己存在ということに固執しすぎる、というところにある。つまり、自分の価値観やポジションや経験というものに、どうしてもとらわれてしまうのだ。だから経験があればあるほど、できにくいとも言える。

●ゼロベースになりたかったら「女性に学べ?」

また、これは私の感覚なのだが、「男性の方が、過去の経験やポジションにとらわれやすい」という気がする。ゼロベース思考になるためには、「女性に学べ!」ということを提唱してみたい。

先日、妻に言われた。男というのは何で皆「なじみの店」をつくりたがるのか、というのだ。なじみの店、これは男にとって永遠の憧れだ。暖簾《のれん》をくぐると、「あら野口さん、いらっしゃい、いつものね」……。重い扉を開くとそこは薄暗い大人の隠れ家バー……。オーナーバーテンダーは、何も言わず、私を見るやいつもの酒をつくり出す。そして、作り終わってこう言う。「今夜は、遅いんですね。少し、甘めにつくっておきました」と……。これは、確かに嬉しい。

こんなことを論理的に分析してしまうと身もふたもないが、要するにこれは、自分を知っている店に行って声をかけてもらうことで、自分の存在意義を、価値を再認識するということに他ならないだろう。

一方、女性はなじみのお店をつくる傾向が男性よりも弱い。次から次へと新しい店に行く。流行に敏感とも、飽きっぽいとも言えるが、だから女性をターゲットにした商品や店は難しい。

あるいは、一つのことに対して執着がない、とも言える。男性は執着する。だから争いが起こったりもする。過去に、女性の指導者が起こした戦争はほとんどない。クレオパトラが起こした戦争は、ローマの将軍たちが勝手に起こした戦争だ。マリア・テレジアは、敵対的な周辺国から自国を守り通す戦争しかしなかった。サッチャーは……フォークランド紛争を起こしたが、あれはまあ、正当防衛、ということにしておこう。

ひょっとすると、女性にはまた別の戦争があったりするのかもしれないが……。

というわけで、ちょっと飛躍しているように聞こえるかもしれないが、ゼロベース思考の原点は執着しないこと。そしてそのヒントは女性の思考にあり、と言いたいわけだ。

iモードを立ち上げた松永真理氏を始めとして、商品企画の世界で女性が大きな役割を果たしていることが多いのは、このせいかもしれない。

実際、他の職種に比べて、商品企画には女の人が多い。広告業界などもそうだ。これは今までは女性の感性が必要とされているとか、流行に敏感だとか、そういう説明がなされてきたわけだが、それ以上に女性のほうがゼロベースになるのが得意だ、ということもあるだろう。

男性も、知識やら経験やらに縛られず、身近の女性を意識すると、ゼロベース思考がうまくいく、かもしれない。あるいは、流行っている店にどんどん行くのもトレーニングになるだろう。

◇本質凝縮思考――迷いの霧がサッと晴れる瞬間

●本質は「にじみ出てくる」もの

次は「本質凝縮思考」。これは「人間力」のところで説明した「本質探求力」に近いのだが、とにかく短時間に、その場で、現場で物事の本質をグーッと凝縮する力。簡単に言うと、先ほど説明したロジックツリーをさっとつくり上げて、結論まで持っていくこと。これが「本質凝縮力」だ。

ちなみに先ほどから「コンセプトとは本質！」と言っているが、するとつまり、本質凝縮力はコンセプト凝縮力と言い換えることができる。

普通、これを行うにはロジックツリーを使う。でも、慣れてくるとそれが頭の中で瞬時に行われる。私の感覚では、「にじみ出てくる」。実際、コンサルティングの現場では悠長にロジックツリーを書いている暇がないときがある。慣れてくると頭の中で一瞬にしてツリーが描かれ、凝縮された本質が顔を出す。

本質を凝縮するのがうまい人は、聞くことがうまい。

例えば、「ある職場の課題点を出せ！」といった会議をすることが、よくある。そのときに、大きく言うと二つの聞き方がある。

一つは整理をする聞き方。とにかく問題点を思いつくままに出してもらう。で、それを論理的思考のツールなどを用いて、抽象化して、整理して……という具合に行っていく。例えば九個の現象があるとき、それを整理すると三つのグループになる。それをさらにまとめると一個になるという聞き方である。

もう一つは、自分が感じていることに当てはまると思われるキーワードをピックアップする聞き方だ。そして、いくつか出てきたキーワードを組み合わせて、それをさらに深く聞いていく。つまり、最初の段階で多くのものを捨ててしまうわけである。九のうちキーワードが三つあった。とりあえず、その中の一個に絞っていく。つまり初めからどんどん捨てていく、ということだ。

これは、両方必要だ。漏れがなくてダブりがなくて、しかもそれが全体として本質を探究しているという力が、「本質凝縮力」なのである。

●何度もツリーを書き直して凝縮する

これもまた、かなり難しいことではある。でも、例えば頭の回転が速くて、経営能力がある人間は、いくつかの話を聞いただけでパーッと次が見えるものだ。いろんな報告を受けているだけで、隠れているものも見え始める、言葉の裏にある何かが見える。それをグッと引き出して、今度は質問する。

そのとき、彼らの頭ではどのようなことが行われているのか？　まず、情報がずらっと並べられる。これはボトムアップ型のロジックツリーと似ている。だが、これをすべて掘り下げていくわけではない。これも捨ててもいい、あれも捨ててもいいとどんどん切り捨てていく。

そして、ある程度見えてきたところで、今度はそのテーマをスタート地点として、再びロジックツリーを書き始める。今度は一点から始めて分解していくブレイクダウン型だ。こうして拡散して、再び収縮する。これを繰り返すとだんだん、非常に凝縮された、濃いものができてくる。三回くらいやれば、十分に密度の濃いものができる。

そう、どこかで見たことがあるだろう。これは「蝶ネクタイチャート」そのものである。戦略とは、一極の一点をベースにして、全体をひっくり返す方法だとよく言われる。まさに、この考え方と一緒である。

●本質が見つかると、会議の雰囲気が一変する！

ところで、「本質」とは、非常に面白いものである。ある一つのキーワードから、物事の本質、課題の本質をグーッと突き詰めていき、あるとき「本質」らしきものに突き当たる。すると、全体の霧がサーッと開ける。面白いもので、この霧が晴れる瞬間というものは、会議に出ている全員が共有できる。明らかに「雰囲気が変わった！」というのがわかるのだ。自分だけが本質だと思っても、そういった感覚が全員に広がらなければ、それはきっと本質ではない、ということになる。

これができると、会議の時間は短くなるだけでなく、内容のレベルも非常に高いものになる。

会議では好き勝手に物を言わせるほうがいい、という考え方もある。ブレーンストーミングがそうだ。でも私は、初めから頭ごなしにノーノーと言うつもりはなくても、あまりにもレベルが低い会話が多かったら、それはプロじゃないとぴしゃりと言ってしまう。

優れた会議は、だんだんレベルが上がっていっているということが、全員で実感できるものだ。だから三十分もすると、自然と深い議論ができるという状態になっているはず。話を始めて三十分経っても、全然レベルが上がらないようでは、その会議はムダということになる。

●ここまでは、モレやダブりがあっても全然ＯＫ！

ここで最後に、「本質凝縮力」についてもう一つだけ注意をしておきたい。

コンサルタントがよく使う「モレなくダブりなく」という言葉を知っている人はわりと多い。これまた、コンサルタントの思考の代表のように言われている。確かに、その通りではある。

ところが、これをよく知っている人ほど、一度出た結論を、またモレがないだろうかと、何度も何度も戻って考える、ということをしがちだ。

もちろん最低限、気を使うことは必要だ。しかし、そもそも私は、モレもダブりも、課題の中ではあっていいんじゃないかと思う。

情報を整理する段階では、もれなくダブりなくがいい、これは確かにそうである。だが、最終的に出す結論というものは、普通モレだらけだ。なにしろ、「捨てるのが戦略」なのだから。よく聞くであろう「選択と集中」というのはまさにこのことである。

我々はそれを、「フォーカス＆ディープ」と言っている。

本質を見逃さないように、モレなくダブりなくと言っているのである。モレやダブりばかりを気にしていては、本質が見えなくなってしまう。

あるいは、モレがない戦略なんて戦略ではない、とも言える。そもそも、そんなものができるわけがないのだ。もしそんなものがあったとしたら、とんがった部分のない、誰にとっても魅力のないものに違いない。

◇シナリオ思考――いいシナリオには矛盾がない

●いいシナリオの条件とは？

さて、最後はシナリオ思考である。これは先ほどお見せした「蝶ネクタイチャート」を意識すること、これに尽きる。収束と拡散を繰り返すことで、自分の論理を構築していく、あるいは組み立てていく。そしてそのプロセスを何度も繰り返す。

これも基本はロジックツリーだ。今までだいぶ話してきたので、そのあたりは省略するが、ちょっとだけ付け加えておこう。

本質を見いだすまでは、モレもダブりもあっていい、ということを「本質凝縮力」の項で述べた。何度も振り返る必要もない、とも言った。これは確かにそうである。だが、それなりの結論に至ったら、実はもう一度振り返る必要があるのだ。

でもこれは、出した結論を見直すものとは違う。その結論に「説得力」をつけなくてはいけない。いや、より正確には、「納得力」である。

出した結論は、それこそモレもダブりもあるものだ。でも、それを相手に説明しなくてはならない。そこで、想定される疑問や質問などをすべて踏まえた上で、シナリオを描いていく。

これは、脚本家が脚本を書くプロセスとまるっきり一緒だ。まず、話の大筋を考える。それから細部を、矛盾がないように詰めていく。「よし、イエス・キリストには実は恋人と子どもがいたというシナリオを書こう！」――いいアイデアだ。だが、細部を詰めないと批判の嵐にさらされる（細部を詰めても批判されているが）。なぜそのことが二千年間隠されていたのか。隠したのは一体誰か？　想定される質問に答えを用意して、話を矛盾のないものに仕上げる――ビジネスにおけるシナリオも同じことだ。

シナリオの精度を高めるためには、何度も見直す必要がある。肉付けして、おかしなところを取り去っていく。だからといって、最初に出した大きなストーリー、つまり本質がぶれることはない。そこでぶれてしまうようでは、きっとそれは本質ではない。イエスにはやっぱり子どもはいなかった、となったら、『ダ・ヴィンチ・コード』は成立しない。

詳しくは次の章で話すが、コンサルタントの最終目的は、立てた戦略や企画を理解してもらい、実行してもらうことである。いくらいい戦略を立てたところで、実行してもらわなくてはどうしようもない。これが、シナリオ思考の一番の目的だ。

だから、そういった意味でもコンサルタントは「脚本家」にならなくてはならない。芝居でキャスティングが重要なように、どの場面で誰に発言させるか、誰をリーダーに持っていくのか、現場力のあるコンサルタントはここまで考える。そこまでして始めて「シナリオ」なのである。

●実践！「論理的思考力」と「コンセプト思考」

さて、以上の「論理的思考」「コンセプト思考」の考えを基に、売れる本をつくるための方策を考えてみることにしよう。

　私とその会社であるHRインスティテュートでは、今まで六〇冊もの本を出してきた。中でも『ノウハウ・ドゥハウ』というシリーズは一〇冊を数え、特に『戦略シナリオのノウハウ・ドゥハウ』と『ロジカルシンキングのノウハウ・ドゥハウ』は一〇万部近く売れている。では、目標を一〇万部においてみよう。

　まずは仮説を立ててみよう。なぜこの二冊が売れたのか？（一〇〇万部売れるミリオンセラーではないが……）何かテーマに共通項があるのだろうか？

　それをロジカルに分析してみる。今まで特に売れたのが「戦略シナリオ」「ロジカルシンキング」、まあまあなのが「マーケティング」「プレゼンテーション」、それほどでもないのが「CRM戦略」「リーダーシップ」といったところか。何か共通点は見つかるだろうか？

　ここからわかるのは……コンサルタントに求められるイメージ、かもしれない。コンサルタントは「論理的思考で」「戦略を立案する」というイメージがある。「マーケティング」「プレゼンテーション」は、つながるといえばつながる、というところか。だが、「リーダーシップ」とはあまりつながらない（本当は大事なのだが）。ならばここは王道で「コンサルタント」を前面に出したテーマというのはどうだろうか？

今までの『ノウハウ・ドゥハウ』シリーズで『コンサルタントのノウハウ・ドゥハウ』を出す。悪くはない考えだ。

いや、ここで一度ゼロベースに戻ってみるのもいい。シリーズの続きではなく、あえて新しいものを考えてみるとしたら、どうか？　いっそ、版型を変えてみるのはどうか？　新書は以前『企業遺伝子』という本を出したきりだ。あの本はかなりかっちりした内容だ。だったら、今度は軽めにしてみようか？

軽めというならば、あるいは、今流行の図解ムックはどうか。最近はビジネスマンの読者も多くなっていると聞く。ならば、シリーズ、新書、ムックの三つのオプションを出してみよう。

ところで、HRインスティテュートの本質は？　多くの人の主体性を挽き出すこと、ということがある。ターゲットをコンサルタントに特化してしまうことは、この趣旨とあわない。なら、タイトルには「コンサルタント」と入れるにしても、「コンサルタントの知識やスキルは、一般のビジネスマンにも活かせる」という切り口にするのはどうだろう？

そして最後に本企画を振り返り、ヌケ、モレがないかをチェックする。相手に説明するときに必要になるからだ。

●HRインスティテュートの「本プロジェクト」とは？

実際には、このようなプロセスで本書が生まれたというわけではない。だが実は、私の会社には「本プロジェクト」というものがあり、実際にこのような流れで、本の企画・執筆を行っている。

HRインスティテュートの名前で書かせていただいた本の多くは、三人から七人ぐらいで執筆を行っている。その進め方だが、まずは編集者と私で企画を煮詰めて、あるいはメンバーが企画を考えて、そしてそれを最終的に企画の形にして、ほぼ大きな目次を決める。その後、今度は一人ひとりに全体の企画の詳細をつめてもらう。そしてその中からいところを利用して役割分担を決めて、さらにもう一回企画を煮詰める。そして、今度は担当箇所の原稿を書いてもらい、チェックバックをして、最終的に私が全原稿を編集して、編集者に原稿として渡す。こういう一連のプロジェクトのことを我々は本プロジェクトというふうに呼んでいるのだ。

これは、コンサルティングマインドとコンサルティングスキルを鍛える絶好の機会である。だが、もう一つ期待できること、それは「思考のクセ」がわかる、ということだ。

例えば、何でも論理的思考で考えようとする人間がいる。一方で、やたら社会的な貢献とかミッションの世界に行ってしまうコンセプト思考型の人間もいる。

これらは「思考のクセ」だ。思考はバランスが重要。思う存分書かせることもあるが、場合によっては、歯止めをしておいたほうがいいこともある。

別に本という形である必要はないが、思考の結果を何らかの形にしてみよう。きっと自分の思考のクセが見えてくるはずだ。

第５章

「実践力」が
納得のコミュニケーションを
もたらす

Chapter 5

5-1

「シナリオライティング力」でアウトプットも完璧に

さて、やっと最後の章まで到達した。

最後に登場するのは「実践力」である。「シナリオライティング力」と「コンサルティングコミュニケーション力」の二つに分けられる。

人間力を基盤にし、思考力をフルに活用して、現場でコンサルタントは闘う！　その闘って得たものを具体的なアウトプットとしてまとめ、表現するのが実践力となる。プレゼンテーションがうまい人は、単に話がうまいだけなのではない。中身があるのだ。

明石家さんまが面白いのは、話し方が面白いということだけではない。彼独特の人への洞察力があるから、他人のキャラを立たせることがうまいのだ。それを面白おかしく組み合わせて、さんまワールドを構築しているのだ。つまり、人間力を基盤として、必死で思考して、それをうまく表現するように実践しているのだ。

ただ、人間力が優れていて、思考力もあって、でも、それらを言葉にすること、表現すること、ノートにすることが苦手な経営者も結構いるものだ。経営者は、それでもまあいいだろう。社長室や経営企画室で補完すればいい。しかし、コンサルタントは、そうはいかない。自分自身でレポーティングして、プレゼンテーションできなければ商売あがったり！　となってしまう。

これらの能力を「実践力」、すなわち「シナリオライティング力」と「コンサルティングコミュニケーション力」とした。あえてプレゼンテーション力ではなく、「コンサルティングコミュニケーション力」としたのは、ヒアリング力、ファシリテーション力の必要性も意識したからだ。

まず、「シナリオライティング力」だが、やはり我々コンサルタントは、自らがつくったシナリオやコンテンツを、〝見えるかたち〟でクライアントに提示しなくてはならない。簡単に言うとレポーティング力と考えてもらえればいいだろう。

レポートの書き方として大事なことは、全体像をバーッとつかんで、その中で「蝶ネクタイチャート」の流れを意識することだ。そして、一つ一つの深掘りをして、「本質的なものは何だ」ということで結んでいくのが、優れたシナリオライティングとなる。

この力は、大きく「リサーチ力」と「シナリオデザイン力」と「メッセージ力」になる。この流れで進むというよりは、これらの力が全て同時に必要となってくる。

◆リサーチ力――仮説と検証がスピードを高める

●リサーチは、コンサルタントへの登竜門

コンサルタントにとって、リサーチは修行の始まりだ。日本中、ときには、世界中の都市も地方も、小売の現場も工場も、老人のところから若者たちの間まで、あちらこちらを徹底的に飛び回る。確かに泥臭い仕事であるが、あの有名コンサルタントも、あの大手コンサルティングファームの社長も、みんなそれをやってきているはずだ（もちろん私もだ）。コンサルタントは、リサーチに始まり、リサーチに終わる（企業再生を請け負うプロの経営者も結局、重要なのは現場のリサーチである）。

リサーチは、何も新人だけの仕事ではない。いくら経験を積んでも、いや、立場が上がってからこそリサーチ力が大事になる。

では、リサーチとはなんだろう？　多くの人の声を集める、多くのものを見て、記録す

る。これも、もちろん大事なことだ。だが、さらにはそれを、集めたものが事実かどうかを判断する必要もある。真の声、生の声、事象を集め、本当に事実だと言えることだけを集める、これがリサーチ力である。

実際に現場で何が起きているのか、何が市場で起きているのか、そういったものを集めるためのアンケートやインタビューのやり方といった、実践的なテクニックのようなものも必要だ。だが、それ以上に大事なのは、どこにどんな情報があるかをどう見つけてくるのかというノウハウである。

現場が大事だと言うと、とにかくまず現場に行って話を聞いてこい、ということになりがちだが、これは現場第一主義に見えて、必ずしもそうではない。現場へ行く前に、やっておくことがあるのだ。

●一体、誰にリサーチすればいいんですか?

先日、コンサルティングにうかがったある企業での話だ。

ある新規事業をやりたいので、この事業に対してのフィジビリティスタディをやってくれと依頼された。フィジビリティスタディとは何かと言うと、実行可能かどうかの調査を行うことである。つまり、その商品にはマーケットがあるのか、あったとしてどのくらいの規模なのか。それをやるにあたって、その企業の持つコア・コンピタンスが通用するのかどうか。差別的優位性がどれだけあるのか。実際にそういうものをつくることができるのかどうか、リアリティがあるのかどうかといったことを、リサーチをベースにしてレポートにまとめるわけである。

では、いよいよ始めましょうとなったのだが、そこで、

「ターゲットはどのあたりを狙っているんですか？」

と聞いても、答えが返ってこない。

「値段はいくらくらいに？」「競合はどこを意識しているんですか？」「ブランドはどんな感じで考えているのですか？」などと聞いてもこれまた答えがない。もごもごしている。

正直、困り果ててしまった。渋谷で若者の話を聞けばいいのか？　新橋でサラリーマンの話を聞けばいいのか？　リサーチをしようにも、一体誰に聞いていいのかわからない。ネットを使ったアンケートは非常に便利な存在で、今やその人の趣味・嗜好に合わせて細分化されたアンケートを行っている。無差別に調査することもできるかもしれないが、莫大な金額がかかる。あるいは、日本人一億三〇〇〇万人すべてにアンケートしろというの

か。仕方がないので、

「そんな状態では、仕事は進められません」

と言うと、先方は、

「その仮説をつくるのがあなたの仕事じゃないんですか？」

と言う。結局、断ることになった。明確に言った。

「誰が、この事業を進めるつもりなんですか？」

「思いも仮説もなくて、新市場・新事業などできるはずがない！」

もちろん、そういった商品開発や事業開発まで請け負うコンサルティングというのは存在する。だが、事業をするのはその会社の人たちだ。事業をやる人間に仮説がなくては、絶対失敗するに決まっている。本来、商品開発は販売を担当する営業の人間と一緒になってやるのが筋というものだ。ならば社内でプロジェクトを立ち上げ、内部で立案するのが一番いい。それから、仮説を検証するために我々に調査を依頼するというのがあるべき流れだろう。

私が行っているスタイルは「プロセスコンサルティング」の方が最近は多い。間違っていてもいいから仮説を持っている会社でないと、私の方もそのプロセスに参加することはできない。

●仮説思考がインタビューのスピードを高める

そう、ここで大事になるのが、論理的思考のところでも紹介した「仮説思考」なのだ。現場は大事だからといって、単に本当に現場に入り込んで、がむしゃらに聞けばいいというものではない。

相手が本当になにも考えていない人だと、何を聞いてもたぶんダメ。だけどちゃんと考えを持っているけれど、自分の中ではまとまっていない、という人は数多くいる。そういった人は、こちらの質問の仕方によって、いい答えがパパッと浮かんでくるわけだ。そのためには、こちらも事前に仮説を持っていなければならない。

伸び悩んでいるという小売店の店員に、

「最近、どう?」

というなんとも曖昧なことを聞いて、

「このところ二十代の感性豊かな男性のお客さんが増えているようです。それに対してこの店には、ＬＯＨＡＳテイストの男性用の品揃えが欠けています」

などという明快な答えが返ってくるわけがない（返ってきたら、すぐにその人をスカウトすべきだ。きっと将来優秀な経営者になれるだろう）。

「最近、三十代後半向けのこの商品の売上げが落ちているんだけど、最近、三十代の男性のお客さんって減っているのかな？」

などという質問なら、店員の考えも整理され、より明確な答えが返ってくる。その仮説が間違っていたらいたで、ちゃんとした答えが返ってこないだけの話。この仮説は間違っていたと、別の仮説をぶつけてみればいい。手ぶらで話を聞きに行くよりよっぽどマシだ。

ボストン・コンサルティング・グループの内田和成氏が書いた『仮説思考』（東洋経済新報社）という本の中に、仮説がしっかりしているとリサーチの時間が半分に減るとあるが、まさにその通り。目的もなく、だらだらとしたインタビューほど時間のムダはない。

●先に結論をつくってしまえ

そのために何が一番のポイントとなるかというと、これは後述する質問力にも関係するのだが、何より「準備」である。

自分でまず、柱というか、聞くための軸があるからこそ、深く入れるのだ。それは、モレがない、ダブりがないということにもなる。柱や軸を仮設定しているからエッジがきいた議論ができるし、ヒアリングが可能になるのだ。

そのためには、仮説を前提にした予備調査が必要だ。「有識者の意見を聞く」「本を大量に読む」「ネットで片っ端から検索をかける」などだ。そして、仮説をリサーチする前にそれを形にしておくことが重要である。大事なキーワードを全部まず議論して出しておくなど、いろいろ方法はあるが、重要なのは「ランディングイメージ」をいつも意識するということである。つまり、どういった形でまとめるか、ということだ。

私が以前、ある〝できるヤツ〟から聞いた話がある。海外に二週間出張して、市場や競合の調査をしてこいということを言われたときに、まずその人は何をするべきかというと、帰国後の調査レポートを出発する前に書く、というのだ。先に書いてから、リサーチしてくると、非常にレベルの高いレポートが書けるのだという。これも同じ意味だろう。

また、私はあるプロジェクトを立ち上げる際、そのアウトプットのイメージを全員に共有してもらう。これも、「ランディングイメージ」を意識する、ということだ。

もう一つ、途中途中でリサーチの方法をどんどん変えていくことも重要だ。これも、ランディングイメージがあるからこそ、方向転換ができるわけだ。

◇シナリオデザイン力――結論！ 結論！ で流れをつくる

●人は、人の話を聞かないものだ

そうして集めた情報と仮説を基に、シナリオをデザインしていく。チャート化して、わかりやすくして、順番に並べて、といえばいいだろうか。最近は、ほとんどの提案はパワーポイントで行われるようになっている。もちろん、このパワーポイントの使い方も重要な要素になる。

先ほど、コンセプト思考の中で「シナリオ思考」について説明したが、もちろんこのシナリオを描くために重要である。シナリオとは、シーンの順序であり、セリフである。どの順番で論を並べるか、どんなセリフにするか、誰に言わせるか、すべてが脚本と同じことだ。

ここで、自分の考えを何度も何度もロジックツリーや蝶ネクタイチャートを通して、ブラッシュアップする。磨きに磨いた自分の案。あらゆる反論に対して答えを用意し、周辺情報も集めるだけ集めた。

さあ、いざ、プレゼン……と、ここでちょっと待ってもらいたい。せっかく積み上げてきた情報だ。すべて吐き出したい気持ちもわかる。だが、ここはぐっと我慢してばっさり切ってしまおう。人は基本的に、人の話を聞かないものだ。冗長なプレゼンテーションなど、聞いてくれない。

では、三十分ならいいのか？　それとも十五分？　いや五分でまとめなくてはいけないのだろうか？

それでは甘すぎる。実際の現場では、「十秒」。これが基本だ。

私はよく「三秒で考えて、十秒で説明しろ」ということを言う。例えばプロジェクトのスタートの自己紹介。自分を印象付けることも、コンサルタントの立派な仕事である。

「HRインスティテュートの野口です。今回は○○さんのご依頼でプロジェクトに参加させていただくことになりました。今回のテーマは、かなり難しいテーマですが……」などと言っていては、十秒なんてあっという間だ。

伝えたいことをまず、言い切ってしまわなくてはならない。

「（目を輝かせて、力強く、太い声で、不敵な笑みをうっすらと浮かべて……）誰よりもこのプロジェクトに問題意識を持ったHRインスティテュートの野口です。ぜひとも、市場を破壊するエンジンたる事業開発Xを実現していきましょう」。

これなら、十秒でなんとか言える。

●一枚一枚に結論を入れる

これを、シナリオづくりに応用するとどうなるか?

まず、最近のプレゼンテーションは、だいたいがパワーポイントで行われる。いまどきOHPを使っているところもないだろうし、資料ナシで説明するというのもないだろう。このパワーポイントに習熟する、ということも、意外と大事なシナリオデザイン能力だ。ソロというソフトもあるが、パワーポイントで代用可能だ。

ビジュアルに訴えることができるのがパワーポイントの特徴である。煩雑にならない範囲で、チャートやグラフはどんどん使うべきだ。一番大事なのは「見やすさ」。フォントの大きさ(私なら最低二四ポイントにする)などにも気を使おう。

ちなみに、私のつくるスライドには、一枚一枚に必ず結論が入る。つまり、一枚一枚で完結する。これはコンサルタントの常識だ。

例えば結論一、二、三があって、そこから結論Aが導き出される。結論四、五、六で結論B、七、八、九で結論C。そしてABCで結論X、という構造を取る。それぞれの結論が明確で、さらに、それがつながっているということがいいシナリオの条件。そう。これこそ、蝶ネクタイチャートだ。聞いている人が、自分がどこにいるのか迷ってしまうようではダメ。そのときに、もっとも一番いい見せ方、そういうものがシナリオデザイン力である。

このとき意識するのは、4W1Hである。

・誰に（WHO）→聞き手
・何を（WHAT）→提案テーマ
・なぜ（WHY）→必要性
・どのやり方で（WHICH）→選択肢
・どのように（HOW）→計画

だが、コンサルタントも、一般のビジネスパーソンも、シナリオをつくるのはほとんどが「提案」の際であろう。提案の際のシナリオづくりは「問題提起」→「ソリューション提示」→「推進プラン共有」となる。つまり、提案のシナリオは、社内向けであれ社外向けであれ、基本的にＷＨＹ↓ＷＨＩＣＨ↓ＨＯＷと進んでいくのだ。

◇メッセージ力──熱い気持ちを一言に込めて伝える

●コンサルタントは「猫に鈴をつける役」

ここまで、問題解決やリサーチについてさんざん語ってきたのだが、コンサルタントの出す答えなど、実は、十中八九「わかりきったこと」なのである。

例えば、どんなに頑張って集めた情報でも、企業にとって八割くらいはすでに知っている情報だったりする。下手すると九五％新しい情報などないときもある。だから、コンサルティングに出向いてリサーチの結果を発表しても、たいていは「ああ、そうだろうね」というくらいなものだ。「こんな事実がわかりました！」「な、何だって!?」などという劇的なシーンは、現実のコンサルティングの現場には多くはない。

それをわかっていて、残り二〇％のために、外部のコンサルタントに発注してくるというケースは多い。なぜだろうか？

そう、そもそもクライアントだって、答えなんてうすうすわかっている場合が多いのだ。ただ、本人たちが言うと支障があるので、外部のコンサルタントに言わせているということなのである。

トップやそれに近い人間から発注された場合には、下の人間がたるんでいる、ということを伝えてほしいという意図が感じられることが多い。一方で、ミドルマネジメントクラスからは、上がわかってないということを暗に言ってほしい、とよく言われる。つまり「猫に鈴をつけるネズミ」の役をおおせつかっているわけだ。

どちらの場合でも、彼らは自分で結論はすでに持っている。コンサルタントの最大の役目、それは「メッセージを伝える」ことである。

ただし、ビジネスモデルを変える、ドメインを変える、商品ロードマップを考える、新ブランドを構築する……といったテーマの場合はこうではいけない。「なるほど!」「さすがに!」といったものでなければ、クライアントは納得しない。

鈴がどんなものかはケースバイケースだが、多くのヒントは、クライアントが握っていることは、事実である。

●短い言葉に「言霊」を込めよう

「メッセージ力」というのは、今まで説明してきた「リサーチ力」「シナリオデザイン力」と同時に必要になるものだ。一言で言えば、「えぐる力」である。「本質凝縮思考」「本質探求力」、これらすべてが関わってくる。これらが探求され、凝縮されたものを、どういう言葉にするか、ということである。

言葉には「いのち」がある。これを言霊《ことだま》という言葉で表現してもいいだろう。エッセンスを凝縮することで、短い言葉に命を込める。

例えば、私はネーミングに非常にこだわりがある。新しい戦略や考え方を提案するときに、今までなかった名前をつけることに執着するのだ。今までに「フォーカス&ディープ」「ホットで繊細&クールで大胆」「ニーズをシーズでウォンツに！」など、いくつもの新しい言葉をつくって打ち出してきた。そういうものも、このメッセージ力に含まれるだろう。

また、客観性を持った中にも、思いを強く打ち出す、ということもこだわりのポイントだ。したがって、前段とまとめの言葉と結論の方向には、必ずそれを書く。実際、我が社のコンサルティングは相当アツいスタイルだ。

●メッセージに思いを込めろ！

私の知り合いの、ある女性コンサルタントの話だ。

その企業のトップは、今まで多くのベテランコンサルタントの意見も、社内の意見も聞かない頑固な人間だった。担当が次々と入れ替わり、最後に担当となったのが、彼女だ。

彼女のメッセージは、たった一言。

「社長！　御社を変えるためには、今、このプロジェクトをするしかありませんよ！　こういうことを正面からなかなか言ってもらえない社長がかわいそう！」

シンプルといえばこれほどシンプルな言葉もない。だが、その一言がトップを動かした。

彼女の提案が、他の提案に比べて格段に優れていたとは思えない。しかも、いくら優秀な人材であっても、男社会の日本のビジネス界にあって、やっぱり女性コンサルタントは不利である。だが、熱い思いと、それをメッセージに込めたことが、トップの気持ちを動かしたのだ。

つまり、クライアントが欲しいのは情報ではなくて、熱い思いだったりするのだ。そういった「メッセージ」の欠落した企画書やレポートは、プロの仕事じゃないと言わざるを得ない。だから発注者が誰かによって、我々のメッセージのトーンは変わってくる。

また、訴えかけるべきは理だけではなく「情」も必要だ。例えば、経営者に対して「お客さんの声をちゃんと聞いていますか?」と説得するのは、いわばコンサルタントの常套手段であるが、これは理屈ではなく、情緒に直接訴えかけているメッセージなのだ。

そのメッセージは、ちゃんと「メッセージ」になっているだろうか?

単なる分析や批評に終わってしまっていないだろうか?

最後に、きちんとチェックしてほしい。

5-2

「コンサルティングコミュニケーション力」の目標は「納得!」

●「納得!」のコミュニケーションを

コンサルタントの最後の総仕上げ、それは、つくり上げたメッセージを伝えることである。だが、言いっぱなしではない。それを伝え、「行動してもらう」ことが最終目的だ。人に行動してもらうにはどうしたらいいだろうか？　ちょっと考えてみてほしい。

ある日突然、まったく知りもしないコンサルタントがやってくる。メンバー全員を会議室に集め、現状の問題点を片っ端から挙げていく。問題点は、自分が以前からうすうす感じていたものとほぼ同じだ。それがきちんと整理されているので、わかりやすくはある。だが、こっちにだって言い訳がある。既存の取引先との関係もあるし、そもそも忙しすぎて手を着けられなかったのだ……。

だがプレゼンテーションはそんなことお構いなしで、とうとうと進められる。

突然、質問が振られる。

「このような状態、どうお思いですか？」

「ああ、確かになんとかしなくちゃいけませんね……」

向こうは正論を言っているから、そう答えざるを得ない。

では、彼は明日から、このプロジェクトに全力で取り組んでくれるだろうか？

答えは、ノーだろう。


彼は「説得」させられたが、「納得」させられはしなかったからだ。

そう、人に行動をしてもらうためには「納得」が必要なのである。コミュニケーションとは、相互の「納得のプロセス」であるのだ。

●実はコミュニケーション上手な日本人？

これも欧米の影響だろうか、最近日本でも「ディベート」の技術がもてはやされている。向こうでは「クリティカル・スピーキング」などと言ったりする、いかに相手の揚げ足を取って議論を有利にするかなんていう授業があるくらい、議論の勝ち負けに徹底してこだわっている。

もっとも、そんな風潮にすべてのアメリカ人が同調しているわけではない。私の知り合いのアメリカ人弁護士は、いかに相手を打ち負かすかでランクが決まるアメリカの弁護士の世界を鋭く批判していたし、また、デール・カーネギーの不朽のベストセラー『人を動かす』（創元社）には、人を説得する原則として、まず第一に、

①議論を避ける

とあるくらいだ。
続けて、

②誤りを指摘しない
③誤りを認める
④おだやかに話す
⑤イエスと答えられる問題を選ぶ
⑥しゃべらせる
⑦思いつかせる
⑧人の身になる

⑨同情を持つ
⑩美しい心情に呼びかける
⑪演出を考える
⑫対抗意識を刺激する

とある。

これは裏を返せば、多くのアメリカ人がそうはできていない、ということにもなるだろう。一方で日本人にとっては、これらはそう難しいことではないはずだ。

かといって、これだけでは相手を説得どころか「納得」してもらうことはできない。ではどうするか。

もちろん、「人間力」が大事だ。「誠実さ」も、シナリオを描くことも、リサーチを綿密にすることも大事である。だが、もっとも大事なのは、この提案が双方にとって（特に相手にとって）利益が得られる、ということを明確にするということである。つまり、ウィン・ウィン・ゲームにまとめ上げることだ。

そのための「コンサルティングコミュニケーション力」である、「質問力」「創発力」「デリバリー力」について説明していこう。

◇質問力——すべての能力はここに集約される

●三〇冊の本を一日で読む

「質問力」というと、いつも思い浮かべるのがジャーナリストの立花隆氏だ。彼のリサーチ力はよく知られているが、並大抵のものではない。リサーチのための書籍を保存するために建物を建てた、というのは有名な話だ。さまざまなデータを蓄積して、駆使して、自分で仮説を立てる。だからこそ、あれだけさまざまな分野でものすごく突っ込んだ取材ができる。

私も、事前リサーチは怠らない。あるプロジェクトがスタートするにあたっては、書店に行って関連書のコーナーの本を買いあさったり、あるいはネットで買ったりして、いっぺんに三〇冊くらいは読む。

同じテーマの本といっても、細かく書いてあったり、全体が書いてあったり、深いことが書いてあったりと、いろいろだ。ざっと目を通して、その中で、役に立ちそうだというものを一、二冊見つける。そして、それをベースにしながらまずは自分なりにその業界や市場についてのフレームワークをつくるのだ。

このフレームワークをつくってしまうと、本を読むのが非常に速くなる。三〇冊ぐらい、一日あれば読めるようになるのだ。ウソだと思うかもしれないが、ホントの話である。

読み方は、まず、目次をパーッと見て、まえがきを読んで、最初の数ページはしっかり読む。あとは、最初に立てたフレームワークと、前書きや目次などからだいたいの仮説をつくって読み始める。こうすると、ダメな本もすぐわかる。

最初はなかなかできないが、場数を踏めば必ずできるようになるだろう。また、本を買う勇気も必要。三〇冊まとめて買うなんていったら、すぐ四万円、五万円になる。ネット書店のアマゾンなどは次々「おすすめ」を表示してくるから、便利といえば便利だが、どんどんまとめ買いをしてしまうわけだ。

でも、買ってしまったほうがいいと、私は思う。その本を有効活用しなければという意識も生まれるし、買おうか買うまいかと躊躇する時間ももったいない。

このように、「質問力」とはまずは「準備力」。「リサーチ力」と同じである。

りする。

●人なつっこさも才能のうち

この準備力を基にして、実際相手の話を引き出す力、これを私は「呼び水力」と言ったりする。

コンサルタントが情報を集める際、何より大事なのは、相手のフトコロに入ること。そうしないと、本音の情報は聞き出すことはできない。そのための準備である。だが、準備は何もお勉強だけとは限らない。

例えば、私自身は、初対面でもわりと人なつっこくて、相手のフトコロに入るのが得意なほうと言われる。実際、おじさんもおばさんも得意だし、若い人と話すことも別に苦痛でもなんでもない。これも立派な質問力だ。

大事なことはやっぱり、相手が構えてしまったらダメ、ということだ。こっちがコンサルタントということで変に肩肘を張っていては相手も心を開いてくれないし、かといってムリをして話を合わせようとしてもすぐバレる。

例えば高校生にインタビューするにあたって、私はもう五十のオヤジなんだから、オヤジであることをどうにかしようと思っても仕方がない。でも、相手の言っていることとか立場を理解した上で、しっかりと自分の意思も通すという「かっこいいオヤジ」でないと、高校生は本音をしゃべってはくれない。例えば、大学の講義を一年生にしている時、私は大塚愛が結構スキで、『さくらんぼ』『ネコに風船』『プラネタリウム』がお気に入りだ……と話し始めると、「このオヤジ講師、フツーじゃない！」という空気をつくれるのだ。

相手と自分の距離がグーッと近づかせるための呼び水を出してあげる、ということが大事だ。相手が何を考えてるか、相手がどういう立ち位置にいて、それをどういうふうにして引き出すかというときに、こちらからいい呼び水をパッと出してあげれば、面白いように反応してくれる。食いつきがいい、というのだろうか。落語でいうところのアタリとかサワリとかクスグリとかと同じようなものである。

だが、どんな人にも同じ呼び水が通用するわけではない。例えば、前に例に出したオカマちゃんのコンサルタント。たまたま、若者向けショップの店長さんにはオカマちゃんの雰囲気が〝クスグリ〟として抜群によかったわけだ。

それらは、勉強で身につくものとは全然違うものだ。本にはなかなか書いてない。あるいは書いてあっても、それを実際に現場で活かせるようになるには、やっぱり一定の場数を踏む必要があるのだ。

私は、優れたコンサルタントになるためにまず最初に何を伸ばすべきか、と問われたら、躊躇なくこの「質問力」と答える。なぜなら、この「質問力」は、今まで解説してきたあらゆる能力の集大成とも言えるからだ。

「仮説思考」力であり、「フレームワーク」思考であり、「シナリオライティング力」であり、「ゼロベース思考」であり、「本質凝縮思考」であり、「誠実さ」であり、「幽体離脱」であり、「モチベーション」であり、まさにこれらの能力すべてがつながる。このようなプロセスを踏んで、初めて本当に適切な質問ができるのだ。

◇創発力——ともに何かをつくり出す瞬間を共有する

●全員の「納得！」が、「創発力」を生み出す

「創発力」——聞きなれない言葉だ。アメリカのサンタフェ研究所の中で、よく出てくる言葉らしい。ちょっと難しいが、複雑系を表現する言葉である。専門領域が違うプロの人たちが、いろいろな切り口で、さまざまなぶつかりをすることで、異次元の世界をつくり、まったく新しいテーマを考案したり、アイデアに行きつくことを創発という。

共創力と発揮力を一緒にした言葉とみてもよい。一緒になって、新しいことを、新しい価値を、物事をつくり出していく。

コミュニケーションを交わすことで、相手にも自分にも新しい発見がある。何か得るものがある。自分が関わった会議では、最大限にその価値を高めることができる、そんな能力だ。シナジーを生み出す能力、と言ってもいい。

そのために必要なものは何か？　それは、先ほども書いた「納得」である。

私の行うコンサルティングにおいては、戦略立案の合間合間で必ず、クライアント＆コンサルティングメンバー全員が集まって会議を十分、行うことにしている。

もちろん、こういった会議のプロセスを踏むことで、案がどんどんブラッシュアップされていくという面も大きい。だが、より重要なのが、こういったプロセスを経て得られた結論というものには、全員に納得感が生まれる、ということだ。当事者全員でなければならない。プロセスの共有が、責任の共有にもなるのだ。

戦略は、密室にこもって一人で素晴らしいものを考え出すことも、可能ではある。でも、その答えを全部相手に投げかけたとして、実は必ずしも受け入れられない。納得感がないのだ。

プロセスをお互いに共有することによって、その本質を評価する力が初めて出てくる。同じ結論だとしても、それがスムースに伝わり、なおかつ実行したときの効果も高まる。

例えば高級な陶磁器など、見る人によってはみんな同じに見えるが、趣味で陶芸をする人などは、つくるプロセスがわかっているから、どこがすごいのかという本質がわかる。戦略でも、そういったことを体験するようなプロセスを踏んであげられるコンサルタントが、現場力のあるコンサルタントだと言えるだろう。しかも、異次元の意見も飲み込めるまで昇華させることが大切である。創発には、この昇華という考え方が必要なのだ。飲み込むという意味でもいい。

その際に一つ大事なことは、「軸」をわかりやすくするということだ。どんな会話・議論にも「軸」がある。だが、それがわかりにくいと、お互いに話がかみ合わない。逆に「軸」がわかりやすければ、ウィン・ウィンの関係に近づくことができる。軸と軸がぶつかることが異次元での衝突であり、異次元を飲み込むことでもあるのだ。

さらに言えば、この結論に至った瞬間を共有することで、相手の人材の殻も破れ、優秀なリーダーが生まれる。

そう考えると、アウトプットをどうするかというプロセスと、人を育てるということはイコールとなるわけだ。

●人財開発に力を発揮するコンサルティング会社

ちょっと話がそれるが、最近、人財開発、人財育成というところに参入するビジネスコンサルティング会社が多くなってきている。

ＨＲインスティテュートでも、人財育成に力を入れている。いくら戦略をつくっても最終的には人財がそれを展開するわけだから、人財の意識変革と人財の能力転換は、本来同時に進めるべき問題だ。会社名のＨＲインスティテュートの「ＨＲ」とは、ヒューマンリソースのことだが、そういったことを意識してのことである。

また、コーポレートユニバーシティという、企業内大学みたいなものがこの五、六年流行っているのだが、ここにも外部のコンサルティング会社の人間が入っていって、講師となっているケースが多い。コンサルティングのスキルとかマインドというものが、人財育成という面にも非常に重要な意味を持ってきてるということを企業側も認識してくれているると言えるだろう。

そもそも、企業研修に関しては、従来、その専門の会社が数多く存在していた。ただ、そこで教えている人が、果たして現場のことをどれだけ知っているのかは、はなはだ疑問だった。それに対して、コンサルティング会社、それもちゃんと現場力を持ったコンサルティング会社なら、同じ研修をやるにしても現場により密接した内容になるはずだ。これもまた、現場力重視の現れの一つかもしれない。

もう一つ有利なのが、企業にコンサルティングに入ると、そこの問題点とかがよくわかる。そういったことを踏まえて人財教育ができるというのは、強い。

そういうコンサルティングのことを我々はウェイ・コンサルティングと言っている。ウェイ、つまり道。トヨタウェイとかＩＢＭウェイとかＨＰウェイ、ホンダならイズムという言葉を使っているが、このようなウェイを見つけ出し、そこに至る教育をすることも、コンサルタントの仕事になりつつあるのだ。

◇デリバリー力——届ける！　伝わる！　コンサルタントのテクニック集

●予期せぬトラブルがデリバリーを妨げる

さて、本書もいよいよ最後になった。最後は「デリバリー力」である。デリバリーとは

「届ける」という意味だ。つまり、単に「伝える力」というよりは、「心を届ける力」である。相手に思いを届ける、最後のワンステップだ。今まで磨き上げてきたシナリオを聴衆の心に届くように伝えるのである。狭い意味では「プレゼンテーション力」と言ってもいいだろう。

さて、最初に誤解を解いておこう。話し上手＝プレゼン上手、口下手＝プレゼン下手、ではない、ということだ。

デリバリー力の要素は大きく分けて、見た目、声力、目力、耳力、段取りの五つに分けられるが、「話し上手」であるということは、その中の声力、しかもその一部を担っているにすぎないからだ。

●見た目――イケメン、エロカワだけが見た目じゃない

『人は見た目が9割』（竹内一郎著・新潮新書）という本がベストセラーになった。確かに、昔より見た目が注目されている。イケメンという言葉、おばさんでも使っている。イケメンが好き。イケメン料理人。イケメン大工。イケメンコーチ。イケメン先生。イケメン政治家。

〝エロカワ〟〝エロカッコイイ〟といった女性の新しい美しさも誕生している。コンサルタントもイケメンの方がいいし、エロカッコイイ方がクライアントも喜ぶだろう。しかしだ。トップセールスマンは、結構、イケメンが少ない。一方、トップセールスレディは、エロカッコイイ人は多い。不思議なものだ。

コンサルタントはどうか？

少なくともイケメンかどうか、エロカワイイかどうかでは、コンサルティング力はあまり評価されない。とはいっても、だらしない服装、ボサボサの髪では話にならない。時代を牽引する印象が、コンサルタントにはあったほうがいいから、それなりの服装、それなりのお化粧はしたほうがいい。

誠実・清潔・トレンドセッターである必要は間違いなくある。

●声力――でかけりゃいい、というものではない

さて、ここで、私や私の会社のコンサルタントが使っている、プレゼンテーションのちょっとしたコツを開示していこう。より詳しいことは、拙著『プレゼンテーションのノウハウ・ドゥハウ』などを読んでいただきたい。

まずは、声力。声の力、なんて言ってしまうと、いかにも「声が大きい人が勝つ」と思われそうだが、それは間違い。そこに信頼される響きがなければ、かえって耳をふさがれる。大事なのは、聞き取りやすい声。つまりは正しい発声。

基本は、腹式呼吸によるお腹からの力強い声。

例えば、ＮＨＫのアナウンサーが定義した好ましい声の要素は、

①声に明るさ、さわやかさ、潤い、ふくよかさがある

②ときと場合に応じて声の大きさを変えられる

③適切な速度で話せる

④単調で一本調子にならない

⑤人間的魅力、人間としての温かさ、清潔さがにじみ出ている

という。これがまさに、ビジネスシーンでもそのまま使えるだろう。

原点は、呼吸だ。長くプレゼンテーションを実施したり、会議運営のファシリテーションをする必要があるときもある。途中で声がかすれたり、声に力がなくなってきては、空気も枯れてしまう。そのようにならないためにも、腹式呼吸で声を出すことが必要だ。

オペラ歌手のやっているベルカント発声とまではいかないまでも、演劇を学んでいる人

たちがよくやる「あ・え・い・う・え・お・あ・お」といった発声や読経の際の低い腹からのお坊さんの声などの腹式呼吸などは、実践してほしい。

学級崩壊を起こしている先生を調べたところ、共通することとして、声が教室の後ろまで通らないということがあったという。声の力は、エネルギーの力である。

声の基本は、呼吸である。もっと言えば、エネルギーの基本も呼吸である。「生命」の基本も呼吸である。困ったとき、緊張しすぎているときも腹式呼吸が解決の道に運んでくれる。

●目力——できるコンサルタントは現場でどこを見ている?

視線の放つエネルギーには不思議な力がある。この目の力を使うことで、場をつかむことができる。

例えば、大人数に対してのプレゼンテーション。

そのとき、なんとなく視線を泳がせずに、できるだけある特定の人の目を見て、笑顔で最初の挨拶をしてみよう。アイコンタクトだ。最後列、中列、最前列、右端、左端……とZ型やW型で視線をゆっくりと動かすといい。基本は、特定な人との視線を合わせることだ。一番離れた人をターゲットにすることで、会場全体に話しかけていることが伝わるので、最初にこれをやってほしい。これで、まずは「つかみはＯＫ！」だ。声と同様に、視線も会場の後ろを意識するべきだ。

その後は、視線を前の人の方に移動させてみよう。相手の目を見る時間は三〜五秒くらいだ。日本人はあまり、目を合わせることに慣れていない。あまり長く目を合わせると、かえって集中力がそがれてしまう場合もあるから注意しよう。こうすることで、会場全体が自分に対して語りかけられているような気分になる。

さらに、「ここぞ！」というときは、スクリーンから目を離し、聞き手の方を向いて話す。あるいは、スクリーンや何かの資料を見てもらいたいときは、まず自分がそこに視線を向ける。聞き手は、話し手の見ているものに注目するものだ。

そして最後に、もしその場に意思決定者がいるのなら、締めの言葉はその人の目を見て言う。ただ視線を合わせるだけではない。目に「思い」を込めるのだ。

●耳力――音だけが「聞くこと」ではない

耳力とは、しっかりと相手の話を聞くこと、聴くこと、訊くこと。デリバリーは、こちらが伝えたいことを届けるのだが、こちらが話をしていてもいつも、聞いている側の声、心を聞いていますよ！　聴いていますよ！　訊いていますよ！　という姿勢を示すことが、コツのひとつだ。

「どこで笑ってもらえたか?」「どこで反応してもらえたか?」「どこで反発したか?」「どこで共感してもらえたか?」をこちらが観察している様子を伝えることが、耳力だ。

途中で流れを大きく変えたり、相手の反応を聞き逃すことなく、その話を増幅させたりする力も、耳力だ。

●段取り——段取りこそデリバリーのキホンのキ

いくら話し方がうまくても、準備を怠ったばかりに失敗した、という実例は枚挙に暇がない。もっとも、本書をここまで読まれた方は、準備はまったく問題ない、と思われるだろう。だが、私も今まで簡単なことなのだが、くだらないことで足をすくわれたこともある。

例えば、

・会議の参加者が突然増える、変更になったのに資料の部数が足りない

・会議室自体が予約されていない（クライアントの落ち度としても）
・大きな会場でマイクがないため、声が届かない、マイクの電池が切れている
・延長コードがなかったばかりに、機材が使えない
・説明資料を用意しようとしたら、コピー機がジャグってしまった！
・キーパーソンが突然、参加することになった

なんてことが、現場では普通に起こる。

その場でイライラするとせっかくのレポートも台無しになってしまうこともある。段取りは、キホンのキである。

●最後に必要なのは「笑い」

この本の締めとして、「笑い」についてお話ししておきたい。

第二章でも述べたように、緊張感のある会議や、厳しい経営者との対話の中では、ふとした瞬間に「笑い」が起きることがある。「納得！」のコミュニケーションにおいて、笑いは非常に大事。笑うと気持ちがほぐれ、そして、人の言うことを受け入れやすくなる。

私は、笑いをいくつか使い分けている。

例えば、冒頭での笑い。これは、最初の会議やプレゼンテーションの際に有効だ。雰囲気をなごやかにし、話を聞こうという気持ちにさせる。

あるいは、途中で明らかに集中力が落ちているときにも有効だ。一気に集中力が高まる。

ピンチのとき、気まずいときにも笑いを使う。気まずい雰囲気の中では、納得どころか話すらろくに聞いてくれないからだ。

優秀な現場には、意外と笑いがある。それは、だらけきった職場のそれとはまったく違う。一瞬の笑い、そして集中。だからこそ、笑いが際立つ。

コンサルタントの最大の現場力、それはひょっとすると「笑いが起こる場をつくる」ことなのかもしれない。

あとがき

管理職になりたくない刑事。教頭や副校長以上になりたくない教師。営業所長や支店長になりたくないトップセールスパーソン……。

彼ら彼女らは皆、「現場」が好きなのだ。マネジメント側になれば給与も上がるし、ポストもらえる。しかし、マネジメントする側、管理する側ではなく、いつもいつも、生涯現場にいたい人は、少なからず存在する。

コンサルティング会社を経営している私も、その一人だ。いつもコンサルティングシーンの中に自分を置いていたい。社長室に閉じこもって（HRインスティテュートには、社長室はないが）、スタッフからの報告を見たり聞いたり、指示を出したり、会議のオンパレードでのビジネスライフを送るのではなく、生涯、現場のコンサルタントでありたいと思い、毎日、コンサルティングシーンに勤《いそ》しんでいる。

日本企業の強みは「現場力」にある。コンサルタントの能力も魅力も「現場力」にある。現場力のないコンサルタントは頭でっかちで、雄弁であっても深さを感じない。

本著は、一九九三年に出版させていただいた『コンサルティング・マインド』（ＰＨＰ研究所）の、かなり間があいた続編でもあった。その間、コンサルティングシーンから得られる問題、意識、経験、感動などを、これまで六〇冊ほどの本として、HRインスティテュートのコンサルタントたちと執筆させていただいた。私たちコンサルタントが現場で得ることができたノウハウ・ドゥハウを広く、多くのビジネスパーソンの方々にオープンにしたい！ コンサルティングシーンを共有できない方々に、コンサルティングの疑似体験をしていただきたい！ という思いで、創業以来十三年間、本を出させていただいている。

本書は、これらの意味から考えても、私にとって意味ある一冊であった。

これまでのクライアントへの感謝、一緒にエキサイティングなコンサルティングシーンを創出してくれているHRインスティテュートのコンサルタントメンバーへの感謝、私どもの著作を読み続けてくださっている読者の方々への感謝、本著の企画・編集を担当していただいたPHP研究所の吉村健太郎氏への感謝を最後に述べさせていただきたい。

支えられて生きていることをいつも忘れない。いつもいつもありがとうございます。感謝しております。

二〇〇六年七月　横浜にて

HRインスティテュート代表　野口　吉昭

野口 吉昭（のぐち よしあき）
横浜国立大学工学部大学院工学研究科修了。現在、株式会社ＨＲインスティテュート（HRInstitute）の代表。中京大学総合政策学部講師。ＮＰＯ法人「師範塾」副理事長。
主な著書・編書に『遺伝子経営』（日本経済新聞社）、『経営コンサルタントハンドブック』『戦略シナリオのノウハウ・ドゥハウ』（以上、ＰＨＰ研究所）、『考える組織』（ダイヤモンド社）、『「夢とビジョン」を語る技術』（かんき出版）など多数。

URL：http://www.hri-japan.co.jp/

PHP
Business Shinsho

図表作成／きゃら
編集協力／スタジオ・チャックモール

PHPビジネス新書 011

コンサルタントの「現場力」
どんな仕事にも役立つ！ プロのマインド＆スキル

2006年９月１日 第１版第１刷発行
2006年10月６日 第１版第３刷発行

著者 野口吉昭
発行者 江口克彦
発行所 ＰＨＰ研究所
東京本部 〒102-8331 千代田区三番町３番地10
ビジネス出版部 ☎03-3239-6257（編集）
普及一部 ☎03-3239-6233（販売）
京都本部 〒601-8411 京都市南区西九条北ノ内町11
PHP INTERFACE http://www.php.co.jp/
装幀 齋藤稔
制作協力・組版 ＰＨＰエディターズ・グループ
印刷所
製本所 共同印刷株式会社

ISBN4-569-65408-8

「ＰＨＰビジネス新書」発刊にあたって

わからないことがあったら「インターネット」で何でも一発で調べられる時代。本という形でビジネスの知識を提供することに何の意味があるのか……その一つの答えとして「**血の通った実務書**」というコンセプトを提案させていただくのが本シリーズです。

経営知識やスキルといった、誰が語っても同じに思えるものでも、ビジネス界の第一線で活躍する人の語る言葉には、独特の迫力があります。そんな、「**現場を知る人が本音で語る**」知識を、ビジネスのあらゆる分野においてご提供していきたいと思っております。

本シリーズのシンボルマークは、理屈よりも実用性を重んじた古代ローマ人のイメージです。彼らが残した知識のように、本書の内容が永きにわたって皆様のビジネスのお役に立ち続けることを願っております。

二〇〇六年四月

ＰＨＰ研究所